中2

まとめ上手

5科

社会
理科
数学
英語
国語

Social Studies

Science

Mathematics

English

Japanese

本書の特色としくみ

この本は，中２で学習する主要５教科の知識・基本事項を豊富な図版や表を使ってわかりやす〜〜〜〜〜〜〜〜要点がひと目でわかるので，日々の〜〜〜〜〜〜〜〜です。

消えるフィルターで
赤文字が消えます。

 関連事項を比べて
理解を深めます。

 重要事項を理解できたか確認
する問題です。

これ 暗記 必ず覚えておきたい暗記事項です。

もくじ

1. 地域調査の手法

① 地形図の種類と等高線★★

地形図の基本となっているのは，国土交通省の**国土地理院**が作成・発行している2万5千分の1や5万分の1の地形図である。

縮尺とは，実際の距離を縮めた割合のことである。したがって，

等高線の種類		地形図の種類	
		2万5千分の1	5万分の1
計曲線	〜	50mごと	100mごと
主曲線	〜	**10mごと**	**20mごと**

実際の距離は，地形図上の長さと縮尺の分母を使って算出できる。

(例) 1km(1000m) ＝ 4cm × 25000

実際の距離や高さがすぐわかるようにしておこう。

② 等高線の見方★★

等高線の間隔が狭くなっている地域(X〜△)は**急傾斜**となり，広くなっている地域(△〜Y)は**ゆるやかな傾斜**となる。

等高線が低いほうに張り出す地域は**尾根**，高いほうに張り出す地域は**谷**である。

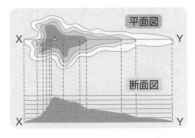

平面図

断面図

③ おもな地図記号★★

⫲	田	◎	市役所／東京都の区役所	文	小・中学校	卄	神社
∨∨	畑	○	町村役場／指定都市の区役所	⊗	高等学校	卍	寺院
ᖶ	**果樹園**	Y	消防署	⊞	**病院**	⚡	風車
ⵛ	**広葉樹林**	⊗	**警察署**	血	博物館	♨	温泉
⋀	**針葉樹林**	⊖	郵便局	🕮	図書館	△52.6	三角点
				⌂	老人ホーム	⊡21.7	水準点

得点 UP! ● 地形図から，距離，地形，土地利用などの情報を読みとれるようになろう。

part 1 社会
part 2 理科
part 3 数学
part 4 英語
part 5 国語

④ 地形図を読む★★★

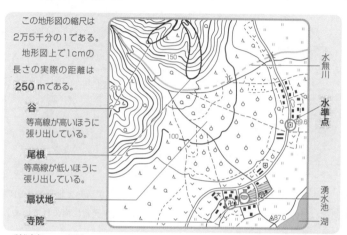

この地形図の縮尺は2万5千分の1である。
地形図上で1cmの長さの実際の距離は**250**mである。

谷
等高線が高いほうに張り出している。

尾根
等高線が低いほうに張り出している。

扇状地

寺院

水無川

水準点

△89.6

湧水池

湖

△87.0

扇状地は，河川が山地から平地に流れ出たところに石や砂が堆積してできた扇形の地形。中央部は水はけがよいので，畑や果樹園に利用される。

ここ注意！
2万5千分の1地形図のほうが，5万分の1地形図よりくわしい。

⑤ 16方位★

北北西　北　北北東
北西　西北西　北東
西　東北東
西南西　東
南西　東南東
南南西　南　南南東
南

⑥ 身近な地域の調査★

①課題(テーマ)を設定する
②調査方法を考え，見通し(仮説)を立てる
　●文献調査…図書館　●野外調査(フィールドワーク)
　●聞き取り調査…取材に向けた事前準備
③事前調査…目的を明確にするための準備
④校外活動
⑤④で得た情報の整理・分析・考察→分布図・グラフ
⑥まとめと発表…情報をわかりやすく相手に伝える

社会　**2. 日本の自然**

① 世界の地形 ★★

環太平洋 造山帯

アルプス - ヒマラヤ 造山帯

―プレートの境界　■険しい山脈・山地　▲おもな火山　∴おもな地震の震源地

　日本は環太平洋造山帯に属しており，大地の動きが活発で**地震**や**火山**の噴火などの災害が発生しやすい。一方で，温泉や地熱発電に恵まれている。

② 日本の気候 ★★★

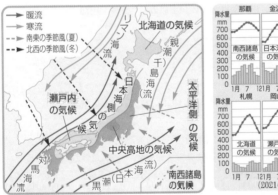

→ 暖流
→ 寒流
--→ 南東の季節風(夏)
--→ 北西の季節風(冬)

北海道の気候

リマン海流

親潮（千島海流）

日本海流

瀬戸内の気候

日本海側の気候

太平洋側の気候

中央高地の気候

対馬海流

南西諸島の気候

黒潮(日本海流)

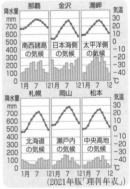

降水量
mm

那覇　　金沢　　潮岬

気温
℃
30
20
10
0
-10
-20
-30
-40

700
600
500
400
300
200
100
0

南西諸島の気候　日本海側の気候　太平洋側の気候

1月 7　12 1 7　12 1 7　12

降水量
mm

札幌　　岡山　　松本

気温
℃
30
20
10
0
-10
-20
-30
-40

700
600
500
400
300
200
100
0

北海道の気候　瀬戸内の気候　中央高地の気候

1月 7　12 1 7　12 1 7　12

(2021年版「理科年表」)

ここ重要

日本の大部分は温帯に属しており，夏の南東の季節風(モンスーン)と冬の北西の季節風の影響が大きい。

● 日本列島に見られるさまざまな地形の特色を覚えよう。
● 日本国内の気候の特徴をグラフから読みとろう。

信濃川は
日本で最も
長い川だよ。

③ 日本の地形の特色 ★★

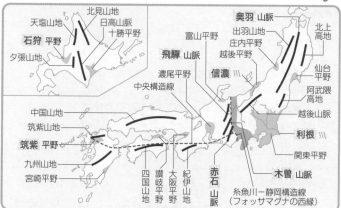

北見山地
天塩山地
日高山脈
十勝平野
石狩 平野
夕張山地
富山平野
奥羽 山脈
出羽山地
北上
高地
庄内平野
越後平野
仙台
平野
飛驒 山脈
濃尾平野
信濃 川
阿武隈
高地
中央構造線
越後山脈
中国山地
筑紫山地
利根 川
筑紫 平野
関東平野
九州山地
宮崎平野
四国
山地
讃岐
平野
大阪
平野
紀伊
山地
赤石
山脈
木曽 山脈
糸魚川-静岡構造線
（フォッサマグナの西縁）

　日本は**約4分の3**が山地で，**フォッサマグナ**を境に東日本では南北に，西日本では東西に連なる。特に**日本アルプス**（飛驒・木曽・赤石山脈）は3000m級の山が連なる。**三陸海岸**や**志摩半島**などは海岸線が複雑な**リアス海岸**。

> ここ重要
> 日本の河川は世界の河川と比べて長さが短く，流れが急である。

④ 自然災害と防災 ★★

冷害の多い
ところ
台風の被害の
多いところ
津波におそわ
れたところ
やませ
※沖縄の縮尺は
異なる。

❶ 地形的な災害…**火山の噴火**に伴う災害，**地震**とそれに伴う**津波**，土砂くずれなどによる**土石流**。

❷ 気象災害…**梅雨**や**台風**による**豪雨**→洪水や**高潮**。夏の少雨による**干ばつ**や水不足。夏の低温による農作物への被害→**冷害（やませ）**など。

❸ 防災・減災…**ハザードマップ**。公助だけではなく，自助・共助が必要。

part 1 社会
part 2 理科
part 3 数学
part 4 英語
part 5 国語

part1

社会

3. 日本の人口・資源・産業

① 日本の人口 ★★★

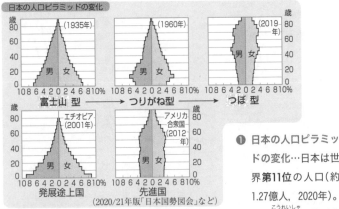

日本の人口ピラミッドの変化

富士山型 → つりがね型 → つぼ型

発展途上国　　先進国
(2020/21年版「日本国勢図会」など)

❶ 日本の人口ピラミッドの変化…日本は世界第11位の人口(約1.27億人，2020年)。

日本の人口ピラミッドは子どもの数が多い**富士山型**から，高齢者の数が多い**つぼ型**へ変化した。

❷ 進む少子高齢化…日本は，医療の発達，生活水準の向上から65歳以上の人口の割合が全人口の28.4％を占める**超高齢社会**となっている(2019年)。また，**少子化**の傾向も強くなっており，15～64歳の生産年齢人口の減少により，労働力不足，年金の財源不足などが深刻な問題となっている。日本は世界の中でも少子高齢化の進み方が特に速い。

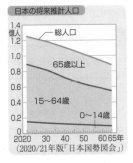

日本の将来推計人口

総人口

65歳以上

15～64歳

0～14歳

(2020/21年版「日本国勢図会」)

❸ 人口分布のかたより…**高度経済成長期**の急激な人口移動により，都市部の**過密化**・農山村部での**過疎化**が進行。過密地域→**三大都市圏**(東京・大阪・名古屋)，**地方中枢都市**(札幌・仙台・広島・福岡など)，**政令指定都市**(政府に指定された人口50万人以上の市)の形成。ニュータウンの開発で**ドーナツ化現象**が進んだが，近年は再開発により**都市回帰**の現象。過疎地域→**限界集落**(65歳以上の人口が過半数を占める集落)の出現。

得点UP!
● 日本はどこから資源を輸入しているか調べよう。
● 貿易自由化による，農業と工業の課題をおさえよう。

② 日本の資源とエネルギー★★

▲ 鉄鉱石　♯ 原油　◆ 石炭

ロシア
2018
カナダ
6216
1522
744
サウジアラビア
5166
31·48
アラブ首長国連邦
インドネシア
281·4
10926
6852
ブラジル
カタール
オーストラリア
(2019年)
（2020/21年版「日本国勢図会」など）

←鉄鉱石(万t)　←原油(万kL)　←石炭(万t)

　日本は地下資源に乏しく，原油や石炭などの**鉱産資源**の多くを外国から輸入している。また，日本の発電量は世界有数で1人あたりの電力消費量も多い国である。近年は地球温暖化などの**環境**問題に配慮した**再生可能エネルギー**(太陽光・風力・地熱など)の普及が課題となっている。

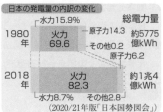

日本の発電量の内訳の変化

		総電力量
1980年	水力15.9%　火力69.6　原子力14.3　その他0.2	約5775億kWh
2018年	火力82.3　原子力6.2　水力8.7%　その他2.8	約1兆4億kWh

（2020/21年版「日本国勢図会」）

③ 日本の産業の特色と課題★★★

❶ 日本の農業…稲作が中心。野菜は**近郊農業**，**促成栽培**，**抑制栽培**など。農産物の**貿易自由化**→食料自給率の低下(食の安全性・**地産地消**の動き)。

❷ 日本の漁業…**潮目**(潮境)ができる三陸沖などが好漁場。各国が**排他的経済水域**を設定→遠洋漁業が衰退。全体の漁獲量の減少。水産物の輸入が急増→「とる漁業」から「**育てる漁業**」(養殖業や栽培漁業)へ。

❸ 日本の工業…加工貿易から発展。**太平洋ベルト**沿いの**三大工業地帯**や臨海工業地域が中心→生産拠点の海外進出。**多国籍企業**→産業の空洞化。

❹ 日本の商業・サービス業…日本では**第三次産業**の従事者が全体の7割を占める→**三大都市圏**(東京・大阪・名古屋)に，企業や人口が集中。

4. 日本の交通・通信, 日本の地域区分

① 交通による結びつき ★

❶ 海上輸送…運賃が安く, 自動車などの重い機械類や鉄鉱石・原油などの大量輸送に適しているが, 速度が遅く, 輸送に時間がかかる。

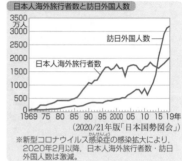

日本人海外旅行者数と訪日外国人数

（2020/21年版「日本国勢図会」）

※新型コロナウイルス感染症の感染拡大により, 2020年2月以降, 日本人海外旅行者数・訪日外国人数は激減。

❷ 航空輸送…旅客輸送だけでなく, IC(集積回路)のような軽量で高価な工業製品や医療品, 鮮度が求められる生鮮食品などは空輸される。輸送時間は早いが, 輸送費は高い。

❸ 国境を越えて行き来する人…近年は東アジアからの観光客の増加により, 日本人の海外旅行者数よりも, 日本を訪れる外国人旅行者数のほうが多い。

❹ ハブ空港…成田国際空港や関西国際空港は, アジアのハブ空港(乗り換えや積み替えの拠点となる空港)としての役割を担っている。

② 日本の交通 ★★

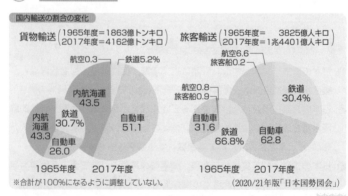

国内輸送の割合の変化

貨物輸送 (1965年度＝1863億トンキロ / 2017年度＝4162億トンキロ)

航空0.3　鉄道5.2%
内航海運 43.5
鉄道 30.7%
内航海運 43.3
自動車 26.0
自動車 51.1
1965年度　2017年度

旅客輸送 (1965年度＝　3825億人キロ / 2017年度＝1兆4401億人キロ)

航空6.6
旅客船0.2
鉄道 30.4%
航空0.8
旅客船0.9
自動車 31.6
鉄道 66.8%
自動車 62.8
1965年度　2017年度

※合計が100%になるように調整していない。

（2020/21年版「日本国勢図会」）

日本で最も利用されている交通手段は自動車である。日本各地は高速交通網で結ばれ, 主要都市間での時間距離が短くなっている。

③ 日本の貿易の特色 ★★

日本は資源が乏しいため，**原料を輸入し**，それを加工した**製品を輸出する加工貿易を行って**きた→現在は，生産拠点の海外進出による逆輸入が増えている。

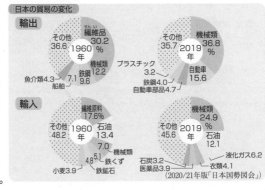

日本の貿易の変化

輸出

1960年
その他 36.6
繊維品 30.2 %
機械類 12.2
鉄鋼 9.6
船舶 7.1
魚介類 4.3

2019年
その他 35.7
機械類 36.8 %
自動車 15.6
自動車部品 4.7
鉄鋼 4.0
プラスチック 3.2

輸入

1960年
その他 48.2
繊維原料 17.6%
石油 13.4
機械類 7.0
鉄鉱石 5.1
鉄くず 4.8
小麦 3.9

2019年
その他 45.6
機械類 24.9 %
石油 12.1
液化ガス 6.2
衣類 4.1
医薬品 3.9
石炭 3.2

(2020/21年版「日本国勢図会」)

④ 通信の発達と情報社会 ★

❶ 通信の発達…携帯電話やパソコンなどの情報通信機器が普及。特に**インターネット**による通信は，電子メールなど国境を越えて世界各地との情報交換を可能にした（**情報社会**）。しかし，先進国と発展途上国で普及率の差が大きく，**情報格差**が課題。

❷ 日本の現状…国内のインターネット利用者は10046万人（2015年）で全人口の約83％→新たな課題（インターネット上のトラブル，著作権侵害，**個人情報**の取り扱いなど）について対策と法整備が求められる。

⑤ 日本の地域区分 ★★

❶ おもな地域区分…東日本・西日本。**7地方区分**（**北海道地方，東北地方，関東地方，中部地方，近畿地方，中国・四国地方，九州地方**）。

● 中部地方は北陸・中央高地・東海に，中国・四国地方は山陰・瀬戸内・南四国に分けられる。中国地方を山陰・山陽に分けることもある。

❷ さまざまな主題を元にした地域区分…自然環境（標高・降水量），人口（老年人口・産業別人口），交通網（空港・高速道路）など。

社会 5. 九州地方

① 九州地方の自然と農業・林業・漁業 ★★★

▲ おもな火山

筑紫 平野
稲作中心，機械化，棚田

筑紫山地

日田
すぎ材

阿蘇山
世界最大級の **カルデラ**

リアス 海岸
自然の良港

九州山地

遠賀川

東シナ海

筑後川

有明海の干拓

球磨川

太平洋

シラス 台地
火山灰土，水もちが悪い
さつまいも・茶・たばこ，畜産

大淀川

宮崎 平野
温暖な気候，野菜の促成栽培
ピーマン・きゅうり
畜産(肉用牛・肉用若鶏・豚)

沖縄
亜熱帯性作物
さとうきび・パイナップル・
花き

　長崎県北部の海岸は**リアス海岸**なのでよい漁港に恵まれ，漁獲量が多い。**筑紫平野**では水田の**裏作**として小麦などを栽培する**二毛作**がさかん。**宮崎平野**では温暖な気候を利用して野菜の出荷時期を早める**促成栽培**がさかん。

② 九州地方の工業の変化 ★★

　戦前は**筑豊炭田**の石炭と**中国**からの鉄鉱石を利用して，1901年に操業した**八幡製鉄所**を中心に日本有数の**鉄鋼業地帯(北九州工業地域)**。戦後は**エネルギー革命**により，九州北部の炭鉱は閉鎖。現在は交通網の発達に伴い，空港や高速道路沿いに**IC工場**や**自動車工場**が立ち並ぶ。

福岡県の工業製品の内訳の変化

1960年 6338億円	機械8.5%	金属 42.7	化学 13.1	食料品 20.6	繊維1.8 その他 13.3
2018年 10兆3019億円	機械 46.3%	金属 16.5	食料品 10.3	その他 20.3	

飲料・たばこ・飼料6.6
(2021年版「データでみる県勢」など)

ここ重要

IC(集積回路)は，高価・軽量なので航空輸送でも採算が合う。

③ 交通の発達と結びつく九州地方の工業 ★★

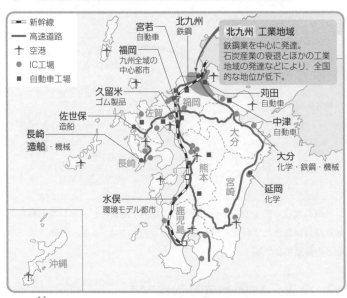

```
━━ 新幹線
━━ 高速道路
✚ 空港
● IC工場
■ 自動車工場
```

北九州
鉄鋼

宮若
自動車

福岡
九州全域の
中心都市

北九州 工業地域
鉄鋼業を中心に発達。
石炭産業の衰退とほかの工業
地域の発達などにより、全国
的な地位が低下。

久留米
ゴム製品

苅田
自動車

佐世保
造船

中津
自動車

長崎
造船・機械

大分
化学・鉄鋼・機械

水俣
環境モデル都市

延岡
化学

交通網の整備により，福岡市と各県は短時間で結ばれるようになった。

④ 他国との結びつき ★

　九州地方は朝鮮半島や中国などのアジアの国々と近い位置にあることから，アジアの国々へのフェリーや飛行機の定期便が多い。また，沖縄県には1972年の返還後も**アメリカ軍基地**が多く残っており，地域住民にとって大きな負担となっている。

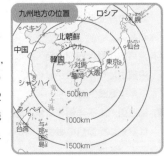

九州地方の位置

ここ重要

福岡からは，東京より韓国の首都であるソウルのほうが近い。

part1
社会
6. 中国・四国地方

① 中国・四国地方の自然と農業・林業・漁業 ★★

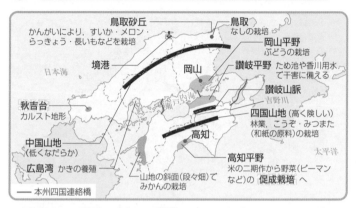

鳥取砂丘
かんがいにより、すいか・メロン・らっきょう・長いもなどを栽培

鳥取
なしの栽培

岡山平野
ぶどうの栽培

境港

岡山

讃岐平野
ため池や香川用水で干害に備える

讃岐山脈
吉野川

日本海

秋吉台
カルスト地形

四国山地（高く険しい）
林業、こうぞ・みつまた（和紙の原料）の栽培

中国山地
（低くなだらか）

高知

太平洋

広島湾　かきの養殖

高知平野
米の二期作から野菜（ピーマンなど）の 促成栽培 へ

山地の斜面（段々畑で）みかんの栽培

—— 本州四国連絡橋

　鳥取のなし、岡山のぶどう、愛媛のみかん、高知のピーマンなど特色のある農業が営まれている。静かな海の瀬戸内海では、かき、真珠、まだいなどの養殖がさかん。

② 中国・四国地方の気候 ★★★

❶ 山陰…日本海側の気候。冬は北西の季節風の影響で雨や雪が多い。

❷ 瀬戸内…夏は四国山地、冬は中国山地に季節風を遮られ、一年中温暖少雨。

❸ 南四国…太平洋側の気候。夏は南東の季節風の影響で雨が多く、冬は温暖。

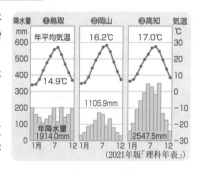

降水量	❶鳥取	❷岡山	❸高知	気温
mm	年平均気温	16.2℃	17.0℃	℃
600				30
500	14.9℃			20
400				10
300				0
200		1105.9mm		−10
100	年降水量			−20
0	1914.0mm		2547.5mm	−30
	1月　7　12	1月　7　12	1月　7　12	

（2021年版「理科年表」）

ここ注意！
瀬戸内では夏・冬ともに山地に季節風が遮られ、温暖で少雨。

得点 UP!
● 中国・四国地方の地域ごとの気候の特徴をおさえよう。
● 本州四国連絡橋が開通したことによる変化をおさえよう。

part
1
社会

part
2
理科

part
3
数学

part
4
英語

part
5
国語

③ 瀬戸内地方の工業 ★★

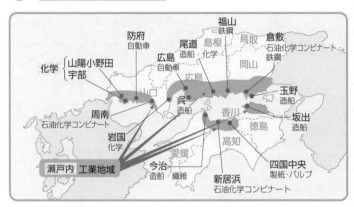

防府 自動車
福山 鉄鋼
鳥取
倉敷 石油化学コンビナート・鉄鋼
化学
山陽小野田 宇部
尾道 造船・化学
島根
広島 自動車
岡山
山口
広島
呉 造船
玉野 造船
周南 石油化学コンビナート
香川
坂出 造船
岩国 化学
徳島
瀬戸内 工業地域
愛媛
今治 造船・繊維
高知
四国中央 製紙・パルプ
新居浜 石油化学コンビナート

瀬戸内工業地域は、海上交通の便がよく、**石油化学コンビナート**などの建設により急速に発達した。また、**本州四国連絡橋**の開通により工業地域が拡大した。

④ 過疎への取り組み ★★

人口は**地方中枢都市**である広島市など瀬戸内海沿岸の都市に集中している。一方で、**南四国**や**山陰地方**の農山村では、都市部に若者が流出し、社会生活を営むことに困難が生じる過疎化が深刻な問題

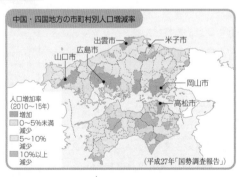

中国・四国地方の市町村別人口増減率

出雲市
米子市
山口市
広島市
岡山市
高松市

人口増加率 (2010~15年)
■ 増加
□ 0~5%未満 減少
□ 5~10% 減少
■ 10%以上 減少

(平成27年「国勢調査報告」)

となっている。65歳以上の人口が過半数を占める**限界集落**も増加している。対策として、地域性や豊かな自然を生かし、特産品の開発、観光開発、**町おこし・村おこし**などを行い、若者の流出防止に努めている。

社会

7. 近畿地方

1 近畿地方の自然と農業・林業・漁業 ★

リアス海岸
若狭湾

琵琶湖
断層作用で形成
滋賀県の面積の6分の1を占める

丹波高地
多雪地
牧牛

淀川

近江盆地
伊勢平野　稲作中心

播磨平野
稲作中心

鈴鹿山脈

近郊農業
大阪平野南部
淡路島
奈良盆地

紀ノ川

リアス海岸
真珠 の養殖
（英虞湾・
的矢湾など）

太平洋

紀伊山地
すぎ・ひのきの産地（吉野すぎ・尾鷲ひのき）
日本有数の林業地帯

　大阪平野や奈良盆地や淡路島では，**大消費地に新鮮な野菜・花き・牛乳などを出荷する**近郊農業がさかん。

2 都市の拡大と環境の保全 ★

　都市の拡大に伴い，**大気汚染や水質汚濁**などの**公害**や，**歴史的文化財**が数多く残る地域に高層ビルなどが乱立することで**歴史的景観**が損なわれる問題がおこっている。そこで地方自治体が中心となって**条例**を制定して環境の保全に努めたり，歴史的文化財や伝統文化を守ろうとする動きが見られる。京都市や奈良市は**伝統的工芸品**の生産もさかんで，**世界文化遺産**に登録されている文化財も多い。

世界文化遺産とラムサール条約登録地

古都京都
の文化財

琵琶湖

円山川下流域
周辺水田

京都府

滋賀県

兵庫県

古市古墳群

姫路城

百舌鳥

古都奈良の文化財

大阪府

奈良県

三重県

紀伊山地の霊場と
参詣道

漆屋方地域の
仏教建造物

世界文化遺産

ラムサール条約
登録地

和歌山県

串本沿岸海域

ここ重要

環境・歴史・伝統文化を保全する目的で条例による規制が進む。

得点 UP!
● 近畿地方の歴史的な特色とその課題をおさえよう。
● 近畿地方の工業の生産の変化を読みとろう。

③ 近畿地方の工業（大阪湾岸中心）★★★

阪神工業地帯は日本で2番目に工業出荷額が明いよ。

阪神 工業地帯
機械工業，鉄鋼，石油化学がさかん。

若狭湾沿岸
原子力発電所
近畿地方の電力を供給

兵庫
京都

京都
食料品・機械

滋賀

草津
電気機械

姫路
鉄鋼

神戸
食料品・機械

淀川 中流地域
電気機械・食料品・機械工業がさかん。

大阪湾沿岸
重化学工業
大規模工場

東大阪
金属

関西国際空港✈

奈良

三重

堺・泉北地域
鉄鋼・石油化学工業中心

堺
石油化学

大阪南東部
中小工場・下請け工場・雑貨・繊維など

大阪
金属・化学

和歌山

和歌山
鉄鋼
輸入材を利用した製材業

❶ **阪神工業地帯**…大阪府と兵庫県を中心に広がる工業地帯。明治時代から，繊維などの**軽工業**が発達→戦後は石油化学コンビナート，家電製品などの機械工業，鉄鋼などの**重化学工業**が発達→近年は伸び悩んでいる。

❷ 開発が進む大阪湾の周辺部…埋め立てによる工業用地の拡大が進む。
ⓐ神戸地域→**ポートアイランド**・六甲アイランドなどの人工島（貿易の拠点），ⓑ大阪地域→1994年に24時間離着陸可能な**関西国際空港**が完成。ユニバーサル・スタジオ・ジャパンなどの**娯楽施設**の進出。2025年には日本国際博覧会（大阪・関西万博）が開催予定。

ここ注意!
重化学は臨海部に多く分布。東大阪など内陸部に中小工場が多い。

8. 中部地方

① 中部地方の自然と農業・林業・漁業 ★★

- 飛驒 山脈
- 木曽山脈・ひのき
- 越後 平野 全国有数の稲作地
- 富山平野 扇状地・沖積平野, 稲作, 球根栽培
- 信濃 川 日本最長の川
- 越後山脈
- 金沢平野 米の単作
- 長野盆地 果樹栽培(りんご)
- 福井平野 米の単作
- 甲府 盆地 果樹栽培(ぶどう・もも)
- 濃尾 平野 稲作・輪中集落
- 富士山
- 北陸地方
- 赤石山脈
- 中央高地
- 東海地方※
- 牧ノ原 茶の栽培
- ※東海地方には, 三重県の一部を含むことがある。
- 焼津 全国有数のかつお・まぐろの水あげ量
- 岡崎平野 明治用水

中央高地では夏の涼しい気候を利用して野菜の**抑制栽培**が行われ, **高原野菜**の栽培がさかん。北陸地方は, 全国有数の**水田単作**地帯が広がる。

② 中部地方の気候 ★★

❶ 東海地方…太平洋側の気候。冬も比較的温暖。

❷ 中央高地…内陸性の気候。盆地は少雨で, 気温の年較差が大きい。

❸ 北陸地方…日本海側の気候。日本有数の豪雪地帯。

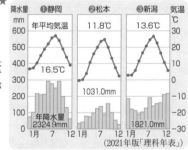

降水量	❶静岡	❷松本	❸新潟	気温

年平均気温 16.5℃ 11.8℃ 13.6℃

年降水量 2324.9mm 1031.0mm 1821.0mm

(2021年版「理科年表」)

ここ注意!

日本アルプスは飛驒・木曽・赤石の3つの山脈を指す。

得点 UP!

● 中部地方の気候の特徴(とくちょう)をグラフから読みとろう。

● 中部地方の工業の特色を地域ごとに整理しておこう。

③ 中部地方の工業 ★★

古くから陶磁器, 織物
などの工業都市があるよ。

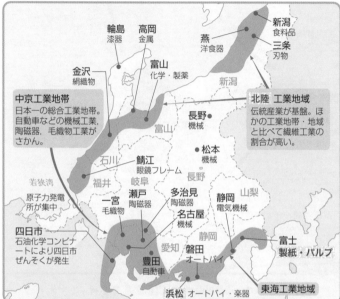

輪島 漆器
高岡 金属
新潟 食料品
燕 洋食器
三条 刃物
金沢 絹織物
富山 化学・製薬

中京工業地帯
日本一の総合工業地帯。自動車などの機械工業,陶磁器,毛織物工業がさかん。

北陸 工業地域
伝統産業が基盤。ほかの工業地帯・地域と比べて繊維工業の割合が高い。

長野 機械
松本 機械

鯖江 眼鏡フレーム
瀬戸 陶磁器
多治見 陶磁器
静岡 電気機械

一宮 毛織物
名古屋 機械

若狭湾
原子力発電所が集中

四日市
石油化学コンビナートにより四日市ぜんそくが発生

富士 製紙・パルプ

豊田 自動車
磐田 オートバイ

浜松 オートバイ・楽器

東海工業地域

太平洋側は**中京工業地帯・東海工業地域**が広がり,**自動車・オートバイ**などの輸送機械を多く生産。中央高地では**精密機械工業**が発達し,その後**電気機械工業**の工場が進出。日本海側は冬場の農家の副業が発達して各地でさまざまな**伝統産業**や**地場産業**が発達。近年は後継者不足(こうけいしゃ)が課題となっている。

おもな伝統的工芸品

村上木彫堆朱(むらかみきぼりついしゅ)
加茂桐(きり)たんす
輪島塗(わじまぬり)
高岡銅器
加賀友禅(ゆうぜん)
金沢箔(はく)
九谷焼(くたにやき)
井波彫刻
越前漆器
越前和紙
十日町がすり
小千谷ちぢみ(おぢや)

ここ重要

中京工業地帯は日本最大の工業地帯で機械工業がさかん。

part 1 社会
part 2 理科
part 3 数学
part 4 英語
part 5 国語

月　　日

9. 関東地方

① 関東地方の自然と農業・漁業 ★★

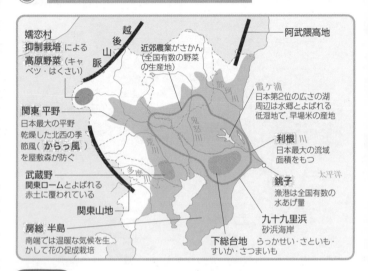

嬬恋村
抑制栽培 による
高原野菜（キャベツ・はくさい）

越後山脈

近郊農業がさかん
（全国有数の野菜の生産地）

阿武隈高地

霞ケ浦
日本第2位の広さの湖
周辺は水郷とよばれる
低湿地で、早場米の産地

関東平野
日本最大の平野
乾燥した北西の季節風（**からっ風**）を屋敷森が防ぐ

利根 川
日本最大の流域
面積をもつ

太平洋

銚子
漁港は全国有数の
水あげ量

武蔵野
関東ロームとよばれる
赤土に覆われている

関東山地

房総 半島
南端では温暖な気候を生かして花の促成栽培

九十九里浜
砂浜海岸

下総台地 らっかせい・さといも・
すいか・さつまいも

ここ重要

群馬県嬬恋村では高原野菜の輸送園芸農業を行っている。

② 日本の首都「東京」の特色 ★★

首都東京は日本の政治・経済・文化の中心で、国会議事堂や多くの官庁、銀行や大企業の本社・本店、報道機関や出版社などが集中。人口の**一極集中**が見られ、日本の総人口の約3分の1が関東地方に集中している。人々は都心へ通勤・通学するため、都心では**昼間人口**が夜間人口よりもはるかに多い。

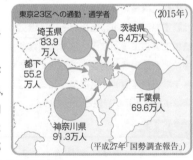

東京23区への通勤・通学者　（2015年）

埼玉県
83.9
万人

茨城県
6.4万人

都下
55.2
万人

千葉県
69.6万人

神奈川県
91.3万人

（平成27年「国勢調査報告」）

③ 関東地方の工業 ★★★

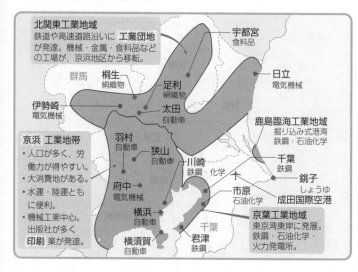

北関東工業地域
鉄道や高速道路沿いに**工業団地**が発達。機械・金属・食料品などの工場が,京浜地区から移転。

宇都宮
食料品

群馬

桐生
絹織物

足利
絹織物

日立
電気機械

伊勢崎
電気機械

太田
自動車

鹿島臨海工業地域
掘り込み式港湾
鉄鋼・石油化学

京浜工業地帯
・人口が多く,労働力が得やすい。
・大消費地がある。
・水運・陸運ともに便利。
・機械工業中心。出版社が多く**印刷**業が発達。

羽村
自動車

狭山
自動車

府中
電気機械

川崎
鉄鋼・化学

千葉
鉄鋼

銚子
しょうゆ

市原
石油化学

成田国際空港

横浜
自動車

千葉

京葉工業地域
東京湾東岸に発展。
鉄鋼・石油化学・火力発電所。

横須賀
自動車

君津
鉄鋼

④ 東京大都市圏の拡大と都市問題 ★★

人口と産業の集中により,東京を中心に鉄道や高速道路網が拡大→周辺に**市街地**が拡大→人口の過密化→地価の上昇,交通渋滞,通勤・通学ラッシュ,ごみ問題,大気汚染・騒音などの環境問題(**都市問題**)が深刻。都市中心部の気温が郊外の気温よりも高くなる**ヒートアイランド**現象も見

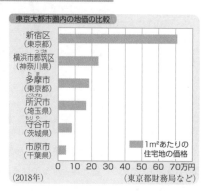

東京大都市圏内の地価の比較

新宿区（東京都）
横浜市都筑区（神奈川県）
多摩市（東京都）
所沢市（埼玉県）
守谷市（茨城県）
市原市（千葉県）

1m²あたりの住宅地の価格

0 10 20 30 40 50 60 70万円
(2018年)
(東京都財務局など)

られる→東京湾岸の埋め立て地を中心に**再開発**が行われ,高層マンションなどの建設が進められている。

10. 東北地方

① 東北地方の自然と農業・林業・漁業 ★★★

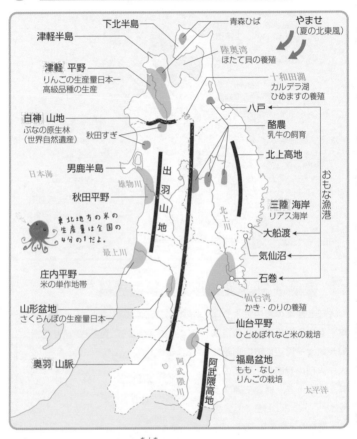

下北半島

青森ひば

やませ
（夏の北東風）

津軽半島

陸奥湾
ほたて貝の養殖

津軽 平野
りんごの生産量日本一
高級品種の生産

十和田湖
カルデラ湖
ひめますの養殖

白神 山地
ぶなの原生林
（世界自然遺産）

八戸

秋田すぎ

酪農
乳牛の飼育

男鹿半島

北上高地

日本海

雄物川

出羽山地

北上川

三陸 海岸
リアス海岸

秋田平野

おもな漁港

東北地方の米の
生産量は全国の
4分の1だよ。

大船渡

最上川

気仙沼

庄内平野
米の単作地帯

石巻

仙台湾
かき・のりの養殖

山形盆地
さくらんぼの生産量日本一

仙台平野
ひとめぼれなど米の栽培

奥羽 山脈

阿武隈川

阿武隈高地

福島盆地
もも・なし・
りんごの栽培

太平洋

　三陸海岸は，寒流の親潮（千島海流）と暖流の黒潮（日本海流）がぶつかる潮目（潮境）にあたり，好漁場となっている。南部は海岸線が複雑なリアス海岸のため，天然の良港に恵まれている。太平洋側は，やませによる冷害を受けることがある。日本海側は，冬に北西の季節風（モンスーン）の影響で雪が多く降る。

② 東北地方の工業 ★★

＊は伝統的工芸品。

弘前 ＊津軽塗
青森
八戸 食料品
大館 ＊大館曲げわっぱ
＊樺細工
秋田 岩手
北上 電子部品
盛岡 南部鉄器
鶴岡 電子部品
大崎 ＊鳴子漆器
宮城
金ケ崎 自動車
天童 ＊天童将棋駒
山形
仙台 食料品
米沢 機械・＊置賜紬
＊宮城伝統こけし
会津若松 ＊会津塗
福島 機械
福島
＊大堀相馬焼
郡山 食料品・化学
いわき 機械・化学

③ 高速交通網とIC工場 ★★

新青森 北海道新幹線
東北自動車道 青森
八戸
秋田 盛岡
北上
横手 東北新幹線
酒田
山形 仙台
猪苗代 福島
郡山

━ 新幹線 ── 高速自動車道
● IC工場 ✛ 空港

高速道路沿いに**工業団地**がつくられ，電子部品や自動車の工場が進出。
交通網が整備されていない地域では過疎化→**伝統産業の後継者不足**が課題。

ここ重要

東北三大祭りは青森ねぶた祭・仙台七夕まつり・秋田竿燈まつり。

④ 東北地方の農業の変化 ★★★

❶ 稲作とその変化…東北地方は日本の**穀倉地帯**。冷害による被害を防ぐために**品種改良**→収穫量より品質を重視する**銘柄米**の生産に力を入れる。
❷ 果樹栽培…津軽平野ではりんご，山形盆地ではさくらんぼや洋なし，福島盆地ではももの栽培がさかん。

11. 北海道地方

① 北海道の自然 ★★

北海道は梅雨の影響を
ほとんど受けないよ。

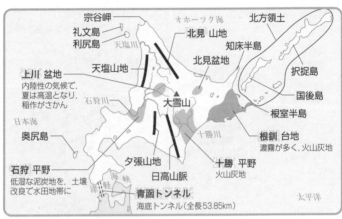

宗谷岬
オホーツク海
北方領土
礼文島
利尻島
天塩川
北見 山地
知床半島
北見盆地
上川 盆地
内陸性の気候で，夏は高温となり，稲作がさかん
天塩山地
択捉島
石狩川
大雪山
国後島
日本海
根室半島
奥尻島
十勝川
根釧 台地
濃霧が多く，火山灰地
石狩 平野
低湿な泥炭地を，土壌改良で水田地帯に
夕張山地
十勝 平野
火山灰地
日高山脈
青函トンネル
海底トンネル（全長53.85km）
津軽 海峡
太平洋

② 北海道の産業 ★★★

観光資源の開発も
進めているよ。

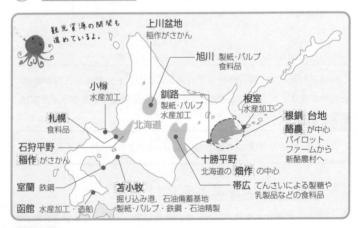

上川盆地
稲作がさかん
旭川 製紙・パルプ
食料品
小樽
水産加工
釧路
製紙・パルプ
水産加工
根室
水産加工
札幌
食料品
北海道
根釧 台地
酪農 が中心
パイロットファームから新酪農村へ
石狩平野
稲作 がさかん
十勝平野
北海道の 畑作 の中心
室蘭 鉄鋼
帯広 てんさいによる製糖や乳製品などの食料品
函館 水産加工・造船
苫小牧
掘り込み港，石油備蓄基地
製紙・パルプ・鉄鋼・石油精製

ここ重要

北海道東部は低温で土壌も悪く，冷涼なため，酪農がさかん。

● 北海道の農業の特色を地域ごとに整理しておこう。
得点 UP!
● 北海道の漁業がどのように変化しているかをおさえよう。

part 1 社会
part 2 理科
part 3 数学
part 4 英語
part 5 国語

③ 変化する北海道の漁業 ★★

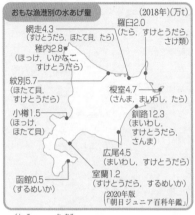

おもな漁港別の水あげ量 (2018年)(万t)

- 羅臼2.0（たら，すけとうだら，さけ類）
- 網走4.3（すけとうだら，ほたて貝，たら）
- 稚内2.8（ほっけ，いかなご，すけとうだら）
- 紋別5.7（ほたて貝，すけとうだら）
- 小樽1.5（ほっけ，ほたて貝）
- 根室4.7（さんま，まいわし，たら）
- 釧路12.3（まいわし，すけとうだら，さんま）
- 広尾4.5（まいわし，すけとうだら）
- 室蘭1.2（すけとうだら，するめいか）
- 函館0.5（するめいか）

2020年版「朝日ジュニア百科年鑑」

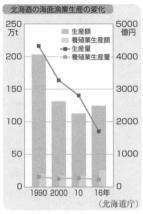

北海道の海面漁業生産の変化

250万t / 5000億円

- 生産額
- 養殖業生産額
- 生産量
- 養殖業生産量

1990 2000 10 16年

（北海道庁）

　釧路港や根室港は，かつて北洋漁業の基地として栄えていたが，各国が200海里の排他的経済水域を設定したため，漁獲量は大きく減少した。そのようななかで，さけ・ますなどの稚魚を放流する取り組み（栽培漁業）や，ほたて貝の養殖などの育てる漁業への転換がはかられている。

④ 開発の歴史と独自の文化 ★

　古くから北海道やその周辺地域には，独自の文化をもつアイヌの人々が住んでいた。明治時代のはじめに開拓使という役所が置かれると農地の開墾と北方警備にあたった屯田兵が区画整理を行い，北海道の開発が進んだ。

アイヌ語に由来する地名

- 稚内
- ヤムワッカナイ（冷たい飲み水の川）
- 苫小牧
- トマコマイ（沼の奥にある川）
- 知床
- シリエトク（大地が頭を突き出す）
- 札幌
- サッポロペッ（乾いた大きな川）
- 室蘭
- モルラン（小さい坂）
- 屯田兵村

□ アイヌ語に由来する地名の例 ※ ■はアイヌ語，（ ）内は語義。

ここ重要

> 北海道はアイヌの人々が独自の文化を形成してきた。

歴史

月　日

12. 近代ヨーロッパの成立とアジア進出

年号も覚えねば！

時代	中国	年代	おもなできごと・文化
室町時代		1558	エリザベス1世即位（イギリスの絶対王政）
安土桃山時代	明	1588	スペインの無敵艦隊を破る（イギリス）
		1600	東インド会社設立（イギリス）
		1619	オランダがジャワに進出
		1642	ピューリタン革命（イギリス，〜49）
		1644	清が中国を支配
		1661	ルイ14世の絶対王政（フランス，〜1715）
		1688	名誉革命→権利(の)章典(89)（イギリス）
江戸時代	清		◆産業革命(イギリス)
		1775	アメリカの独立戦争(〜83)
		1776	独立宣言発表（アメリカ）
		1789	フランス革命→人権宣言
		1804	ナポレオンが皇帝となる（フランス）
		1840	アヘン戦争(中国，〜42)
		1842	南京条約(上海など開港)
		1851	太平天国の乱(中国，〜64)
		1853	クリミア戦争(〜56)
		1857	インド大反乱(〜59)
		1858	イギリスがインドを直接支配
		1861	南北戦争(アメリカ，〜65)
		1863	リンカンの奴隷解放宣言

●機械の発明
ワット
（蒸気機関の改良）
●啓蒙思想
ロック
（『統治二論』）
モンテスキュー
（『法の精神』）
ルソー
（『社会契約論』）

近代ヨーロッパの文化

●自然科学
ニュートン，ダーウィン，メンデル，パスツール
●人文・社会科学
アダム＝スミス，マルクス，カント
●文学・芸術
トルストイ，ロダン，ゴッホ，ベートーベン

① 市民革命 ★★

❶ **イギリス**…**名誉革命→権利(の)章典。**
 ● 立憲君主制や議会政治が確立される。

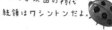
アメリカ合衆国の初代
大統領はワシントンだよ。

❷ **アメリカ**…**独立戦争→独立宣言。**
 ● 大統領制が確立される。 ● 三権分立を定めた合衆国憲法が制定される。

❸ **フランス**…**フランス革命→人権宣言。**
 ● 人間の自由と平等，人民主権の原則などが唱えられる。

② 産業革命のおこりと影響 ★★

問屋制
家内工業 → 工場制手工業 $\begin{pmatrix}\text{マニュファ}\\\text{クチュア}\end{pmatrix}$ → 機械の発明
産業革命 → 工場制機械工業
交通機関の発達・人口の都市集中
=
社会問題の発生

 産業革命の結果，**資本家**と**労働者**の階級が生まれ，**資本主義**社会が成立
→貧富の差が拡大し，平等な社会を目ざす**社会主義**の思想も生まれる。

③ ヨーロッパ諸国のアジア進出 ★★

❶ **欧米のアジア進出**…工業製品の**市場**と**原料**の供給地の獲得が目的。
 ● イギリス…インド・ビルマ ● フランス…インドシナ半島
 ● オランダ…インドネシア ● ロシア…不凍港を求めて南下。

❷ **イギリスの中国(清)進出**

三角貿易

イギリス
　銀　　　銀　　茶・絹
　　　綿製品
インド　　アヘン　　中国(清)
　　　　銀

綿織物の輸出の変化
万ポンド
600 イギリスから
500 アジアへの輸出
400
300 アジアから
200 ヨーロッパへの輸出
100
0
1770 90 1810 30 50年

三角貿易──中国の役人がアヘンを焼却──**→アヘン戦争** イギリスが勝利
──**→南京条約**──**→太平天国の乱**(イギリス進出に対する抵抗)

13. 開国と江戸幕府の滅亡

年号も
覚えねば！

時代	中国	年代	おもなできごと
江戸時代	清	1853	アメリカ東インド艦隊司令長官ペリーが浦賀に来航
		1854	日米和親条約（下田・函館を開港）
		1858	日米修好通商条約（神奈川・長崎など5港を開港） **安政の大獄**（幕府の体制を批判する吉田松陰らを処刑）
		1860	桜田門外の変（大老の井伊直弼が水戸藩の浪士らに暗殺される）
		1862	14代将軍徳川家茂と皇女和宮が結婚（**公武合体**） 生麦事件（薩摩藩士によるイギリス人殺傷事件）
		1863	薩英戦争
		1864	四国艦隊下関砲撃事件
		1866	薩長同盟の成立
		1867	大政奉還、王政復古の大号令
		1868	戊辰戦争（〜69）

尊王攘夷 →

倒幕へ →

① 外国船の接近と幕府の対応 ★★★

1825年、幕府は異国船打払令を出す。アメリカのペリーの来航により、1854年に日米和親条約を締結する（開国）。1858年、大老井伊直弼は日米修好通商条約に調印（貿易の開始）。こ

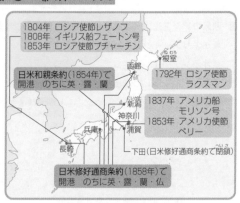

1804年 ロシア使節レザノフ
1808年 イギリス船フェートン号
1853年 ロシア使節プチャーチン

日米和親条約（1854年）で
開港　のちに英・露・蘭

函館

1792年 ロシア使節
ラクスマン

新潟

神奈川

兵庫

浦賀

1837年 アメリカ船
モリソン号
1853年 アメリカ使節
ペリー

長崎

下田（日米修好通商条約で閉鎖）

日米修好通商条約（1858年）で
開港　のちに英・露・蘭・仏

の条約は相手国に領事裁判権（治外法権）を認め、日本に輸入品に対して自由に関税を決める権利（関税自主権）がない、日本にとって不利な**不平等条約**。

得点 UP! ● 日米和親条約と日米修好通商条約の内容をおさえよう。
● 江戸幕府が滅亡するまでの流れを整理しておこう。

part 1 社会
part 2 理科
part 3 数学
part 4 英語
part 5 国語

② 開国の影響と社会の混乱 ★★

最大の貿易港は**横浜**。**イギリス**との貿易が中心。綿織物・毛織物の輸入で国内産に打撃。生糸・茶の輸出による品不足や値上がり→**世直し一揆・打ちこわし**が増加。

幕末の貿易

輸入	1865年 1407.7万ドル			武器7.6
	毛織物 47.6%	綿織物 36.8		その他 8.0
輸出	1865年 1849.1万ドル			その他 5.3
	生糸 84.2%		茶 10.5	

（「日本経済史3 開港と維新」）

③ 幕末の動き ★★

→ 戊辰戦争での新政府軍の進路

五稜郭の戦い（1869年）
四国艦隊下関砲撃事件（1864年）
第一次長州征討（1864年）
第二次長州征討（1866年）
会津の戦い（1868年）
鳥羽・伏見の戦い（1868年）
下関　萩　松江
薩長 同盟（1866年）
鹿児島
兵庫　京都　大阪　江戸　白石　会津若松　青森　函館
駿府
薩英 戦争（1863年）
生麦事件（1862年）
彰義隊の戦い（1868年）
江戸城無血開城（1868年）

❶ 尊王攘夷運動から倒幕へ…社会の混乱の中，**尊王攘夷運動**を進める**長州藩**と，**公武合体**を支持する**薩摩藩**が対立→薩英戦争と四国艦隊下関砲撃事件により攘夷の無謀を悟り倒幕へ。

❷ 薩長同盟…**坂本龍馬**（土佐）らの仲介で**西郷隆盛・大久保利通**（薩摩）らと**木戸孝允**（長州）らが**薩長同盟**→倒幕運動→15代将軍**徳川慶喜**が**大政奉還**。

❸ 旧幕府軍の抵抗…旧幕府側と薩摩・長州を中心とする新政府軍との間に**戊辰戦争**が始まる→**五稜郭**で旧幕府軍が降伏。

ここ重要

1867年，大政奉還→王政復古の大号令で新政府の樹立を宣言。

年号も
覚えねば！

時代	中国	年代	おもなできごと・文化
明治時代	清	1868	五箇条の御誓文（新しい政治の基本方針）
		1869	版籍奉還
		1871	廃藩置県，「解放令」，岩倉使節団の欧米視察（～73）
		1872	学制の発布
		1873	徴兵令，地租改正
		1874	民撰議院設立の建白書
		1875	樺太・千島交換条約
		1876	日朝修好条規
		1877	西南戦争
		1881	国会開設の勅諭，自由党の結成
		1882	立憲改進党の結成
		1889	大日本帝国憲法の発布
		1890	第一回帝国議会，教育勅語の発布

文明開化

断髪，洋服，洋館，
洋食，ランプ，ガス灯，
靴
太陽暦，七曜制
郵便制度
鉄道の開通
新聞・雑誌の発行

① 明治政府の諸改革 ★★★

❶ 中央集権の確立

王政復古の大号令→五箇条の御誓文・五榜の掲示→版籍奉還＋廃藩置県（中央集権国家）

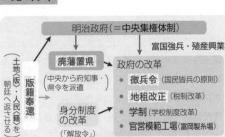

明治政府（＝中央集権体制）

富国強兵・殖産興業

廃藩置県（中央から府知事・県令を派遣）

版籍奉還（土地（版）・人民（籍）を朝廷へ返させる）

身分制度の改革（「解放令」）

政府の改革
- 徴兵令（国民皆兵の原則）
- 地租改正（税制改革）
- 学制（学校制度改革）
- 官営模範工場（富岡製糸場）

❷ 近代国家に向けて…政府は富国強兵・殖産興業をスローガンとして学制・兵制・税制の改革に着手→上からの近代化に民衆の反対一揆。

ここ重要

地租改正で，土地所有者は地価の3％を現金で納めた。

得点 UP!
● 明治維新で行われた改革とその内容を覚えよう。
● 自由民権運動の流れと中心人物をおさえよう。

part 1 社会
part 2 理科
part 3 数学
part 4 英語
part 5 国語

② 明治初期の外交と国境の確定★

ロシア

樺太・千島交換条約(1875年)

日朝修好条規(1876年)江華島事件を機に開国を強要

北京
清

日清修好条規(1871年)対等の条約

台湾出兵(1874年)

樺太

千島列島

太平洋

朝鮮

日本

沖縄

台湾

日本の領有を通告(1876年)
小笠原諸島

沖縄県を置く(1879年)
琉球処分

----- 日本の国境

③ 自由民権運動★★★

　藩閥政府の政治に対して不満を抱く民衆がおこした，言論で批判し，参政権を求める運動。板垣退助らの**民撰議院設立の建白書**提出がきっかけ→**西郷隆盛**を中心とする武力抵抗(**西南戦争**)の失敗→言論による批判が強まる→1880年 **国会期成同盟**設立→1881年国会開設の勅諭→政党の結成(板垣→**自由党**，大隈重信→**立憲改進党**)。

④ 大日本帝国憲法と帝国議会★★

❶ 憲法の準備…**伊藤博文**らが君主権の強いドイツ(プロイセン)の憲法を研究→1885年，**内閣制度**をつくり，伊藤が初代内閣総理大臣に就任。

❷ 大日本帝国憲法(1889年2月11日発布)…天皇は国の元首(天皇主権)。国民は天皇の「**臣民**」とされ，法律の範囲内で自由・権利を認められる。

❸ 第一回帝国議会(1890年)…**貴族院**と**衆議院**の二院制。貴族院議員は皇族・華族や天皇が任命した人などで構成され，衆議院議員は国民による選挙で選ばれた。直接国税15円以上を納める満**25**歳以上の**男子**(総人口の約1.1%)を有権者とし，選挙権は制限されていた。

▲投票所のようす

> ここ注意！
> 帝国議会では参議院ではなく貴族院。

15. 日清・日露戦争と資本主義の発達

年月も
覚えねば！

時代	中国	年代	おもなできごと・文化
明治時代	清	1894	条約改正（領事裁判権〈治外法権〉の撤廃） 甲午農民戦争（朝鮮），日清戦争（〜95）
		1895	下関条約，三国干渉（ロシア・ドイツ・フランス）
		1900	義和団が列強の公使館をおそう（清）
		1901	八幡製鉄所が操業を始める→重工業のおこり
		1902	日英同盟
		1904	日露戦争（〜05）
		1905	ポーツマス条約
		1909	伊藤博文が暗殺される
		1910	大逆事件，韓国併合
		1911	条約改正（関税自主権の回復） 辛亥革命（孫文の指導）

近代の芸術・文化

フェノロサ，岡倉天心，横山大観，黒田清輝（美術）
夏目漱石，森鷗外，樋口一葉（文学）
滝廉太郎（音楽）

① 日清戦争と下関条約 ★★★

❶ 日清戦争…日本と清が朝鮮をめぐって対立（右は日清戦争のころの風刺画で，日本と清のどちらが魚〈朝鮮〉を釣りあげるか，橋からロシアがうかがっている）→甲午農民戦争をきっかけに，日清両国が出兵（1894年），優勢な軍事力をもつ日本の勝利。

❷ 下関条約…ⓐ清は朝鮮の独立を認める。ⓑ遼東半島・台湾などを日本に譲る（遼東半島はロシアなどの三国干渉で清に返還）。ⓒ日本に2億両（約3億1000万円）の賠償金を支払う。

ここ重要

日清戦争後，帝国主義諸国による中国分割が進んだ。

得点UP!
● 日清戦争と日露戦争の原因と結果を整理しておこう。
● 日本の, 朝鮮半島と中国への進出とその結果をおさえよう。

part 1 社会
part 2 理科
part 3 数学
part 4 英語
part 5 国語

② 東アジアをめぐる動きと日露戦争 ★★★

❶ 日英同盟…日本とイギリスが, ロシアに対抗するために結ぶ。

❷ 非戦論と反戦論…日露戦争にあたって, 社会主義者の**幸徳秋水**, キリスト教徒の**内村鑑三**などが戦争反対を唱える。歌人の与謝野晶子は「**君死にたまふことなかれ**」という詩を発表し反戦を唱える。

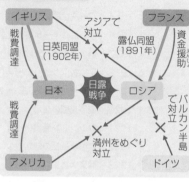

日露をめぐる列強の対立

イギリス — アジアで対立 × — フランス
日英同盟（1902年）　露仏同盟（1891年）　資金援助
戦費調達
日本 — 日露戦争 — ロシア
戦費調達　　満州をめぐり対立 ×　バルカン半島で対立 ×
アメリカ　　　　　　ドイツ

❸ 日露戦争…日本・ロシアとも開戦して間もなく戦争継続が困難になる。

❹ ポーツマス条約…アメリカの仲介で結ばれた講和条約。ロシアは, ⓐ韓国（朝鮮）における日本の優越権を認める。ⓑ旅順・大連の租借権, 南満州鉄道の権利を日本に譲る。ⓒ南樺太を日本に譲る。ⓓ沿海州沿岸の漁業権を認める→賠償金はなく, 国民に不満（**日比谷焼き打ち事件**）。

ここ重要

日露戦争のあと, 日本の東アジア侵略が本格化した。

③ 韓国併合と辛亥革命 ★★

❶ 韓国併合…**統監府**の設置→**伊藤博文**の暗殺→**韓国併合**→朝鮮総督府の設置。

❷ 辛亥革命…列強の進出により清を倒す動きが拡大→**三民主義**を唱える**孫文**が指導。

④ 日本の産業革命 ★★

1870年代…官営模範工場（富岡製糸場）
　↓──民間に払い下げ
1880年代～90年代…**軽工業**（紡績・製糸）の産業革命
　↓──日清戦争の賠償金
1900年代…**重工業**（鉄鋼・造船・機械）の産業革命

16. 第一次世界大戦と戦後の世界

年号も
覚えねば！

時代	中国	年代	おもなできごと・文化
大正時代	中華民国	1912	**中華民国の成立**，第一次護憲運動
		1914	第一次世界**大戦**（〜18）
		1915	中国に二十一か条の要求を出す
		1917	**ロシア革命**→大戦の離脱，アメリカの参戦
		1918	米騒動，シベリア出兵（〜22），原敬の**政党内閣**
		1919	**ベルサイユ条約**，**三・一独立運動**（朝鮮），**五・四運動**（中国）
		1920	国際連盟の発足
		1921	ワシントン会議（〜22）
		1922	全国水平社の創立
		1923	**関東大震災**
		1924	第二次護憲運動
		1925	治安維持法の公布，普通選挙法の公布

大正時代の文化
吉野作造（民本主義）
芥川龍之介（文学）
プロレタリア文学
ラジオ放送の開始

① 第一次世界大戦 ★★

❶ 列強諸国の対立…ドイツ（三国同盟）の勢力拡大に対し，イギリス（三国協商）が対抗する。

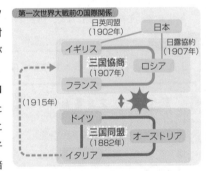

第一次世界大戦前の国際関係

日英同盟（1902年）
日本
イギリス
日露協約（1907年）
三国協商（1907年）
ロシア
フランス
（1915年）
ドイツ
三国同盟（1882年）
オーストリア
イタリア

❷ 第一次世界大戦…「ヨーロッパの火薬庫」とよばれたバルカン半島の都市サラエボで，オーストリア皇太子夫妻がセルビア人青年に暗殺される（**サラエボ事件**）→開戦。新兵器の登場。総力戦となる→アメリカの参戦をきっかけに連合国側（協商側）が有利となり，ドイツは降伏。

❸ ロシア革命…**レーニン**の指導で社会主義政府誕生（**ロシア革命**）→各国の**シベリア出兵**は失敗→1922年，**ソビエト社会主義共和国連邦（ソ連）**成立。

得点 UP! ● 第一次世界大戦がおきた原因と結果を整理しておこう。
● 大正時代の日本の政治や社会の特徴をまとめよう。

part
1
社会

part
2
理科

part
3
数学

part
4
英語

part
5
国語

② 第一次世界大戦後の国際情勢 ★★

❶ ベルサイユ条約…ドイツに多額の賠償金，領土の削減・非武装化→ドイツの民主化（ワイマール憲法の制定）。

❷ 国際連盟の成立…アメリカ大統領ウィルソンの提案。本部はスイスのジュネーブ。日本は常任理事国となる。アメリカは議会の反対で不参加。

❸ 国際協調…ワシントン会議→海軍軍縮，中国の独立と領土保全などを確認。

❹ 民族自決の原則…アジア・アフリカの植民地には適用されず。ⓐインド→ガンディーの非暴力・不服従の運動。ⓑ朝鮮→三・一独立運動。ⓒ中国→五・四運動→中国国民党の結成。

③ 日本の参戦と大正デモクラシー ★★★

❶ 日本の参戦…日英同盟を理由に連合国側で参戦→中国に二十一か条の要求。

❷ 大戦景気…ヨーロッパから軍需品の注文が殺到（成金の出現）→重工業の発展→財閥の成長・国民生活の向上。

❸ 米騒動…シベリア出兵による米の買い占めに富山県の漁村の主婦が蜂起→全国に拡大。

公布年	資格		実施年	有権者の割合
	選挙人の資格	直接国税		
1889年（明治22）	満25歳以上の男子	15円以上	1890年	1.1%
1900年（明治33）		10円以上	1902年	2.2%
1919年（大正8）		3円以上	1920年	5.5%
1925年（大正14）		制限なし	1928年	20.0%
1945年（昭和20）	満20歳以上の男女		1946年	48.7%
2015年（平成27）	満18歳以上の男女		2016年	83.6%

▲有権者数の増加

❹ 護憲運動と政党政治…憲法の精神にもとづき政党による政治を行い，民衆の意見を反映させようとする風潮→立憲政友会の原敬を首相とする初の本格的な政党内閣が成立→1925年，普通選挙法の成立（満25歳以上のすべての男子）→同年に治安維持法の成立。

ここ重要

治安維持法により，国民の思想・言論・表現の自由が制限。

part1

社会

17. 世界恐慌と日本の中国侵略

年号も覚えねば！

時代	中国	年代	おもなできごと・文化
大正時代		1922	ファシスト政権の成立（イタリア）
			ソビエト社会主義共和国連邦（ソ連）の成立
		1927	金融恐慌, 中国国民政府の成立
		1928	第一次五か年計画を始める（ソ連）
		1929	世界恐慌がおこる
昭和時代	中華民国	1931	満州事変
		1932	満州国の成立, 五・一五事件
		1933	ナチス政権の成立（ドイツ）
			ニューディール政策（アメリカ）
			日本が国際連盟を脱退
		1936	二・二六事件
		1937	中国国民党と共産党が抗日民族統一戦線をつくる
			日中戦争（〜45）
		1938	国家総動員法の公布

昭和初期の文化

川端康成,
小林多喜二（文学）

① 世界恐慌と各国の対応★★★

❶ 世界恐慌…ニューヨーク株式市場で株価が大暴落し, 世界経済が混乱。

❷ 各国の対応…国内資源や植民地をもつかもたないかで二極化。

●アメリカ…ローズベルト大統領による**ニューディール**（新規まき直し）**政策**（公共事業の創出, 生産の調整, 失業者対策）。

●イギリス・フランス…本国と植民地の関係強化→**ブロック経済**。

●ソ連…**スターリン**の指導による**五か年計画**。

●ドイツ・イタリア…独裁政治による軍事力の再強化→**ファシズム**の台頭（独→ナチスの**ヒトラー**, 伊→ファシスト党の**ムッソリーニ**）。

ここ重要

ソ連は社会主義国だったため, 世界恐慌の影響は小さかった。

得点 UP!
- 世界恐慌に対する各国の対応を国ごとに覚えよう。
- 日中戦争が日本人の生活に与えた影響をおさえよう。

② 日本の国際的孤立と大陸進出★★★

❶ 日本経済の混乱
関東大震災→金融恐慌→世界恐慌の影響＋大凶作（昭和恐慌）→原料・市場を求めて大陸へ。

❷ 満州事変と軍部の台頭…満州事変→五・一五事件（犬養毅首相の暗殺）→政党政治の終わり→満州国の建国をめぐり，国際連盟を脱退→二・二六事件（軍部のクーデター）→軍部が政治的な発言力を

日中戦争関係図

- 柳条湖事件 リウティアオフー
- 盧溝橋事件 ルーコウチアオ (1937.7.7)
- 満州国
- 熱河 31.9
- 奉天 31.9
- 関東州 31.9
- 朝鮮
- 包頭
- 北京
- 天津 37.11
- 大連
- 旅順
- 威海衛 38.3
- 京城
- 中華民国
- 太原 37.11
- 西安
- 河南 44.3
- 青島 38.1
- 日本
- 徐州 38.5
- 漢口 38.10
- 南京 ナンキン 37.12
- 上海 37.8
- 寧波
- 杭州 37.11
- 長沙 41.9
- 岳陽 38.11
- 南昌
- 重慶 チョンチン
- 広州 38.10
- 台湾
- 香港 41.12
- 広州湾（フランス借）43.2

凡例:
- ▨ 日中戦争による戦線の拡大
- ← 日本軍の進路
- ※数字は戦闘または占領年月。

強める→北京郊外での日中両軍の武力衝突をきっかけに**日中戦争**が始まる。

③ 戦時体制の強化★★

❶ **国家総動員法**…議会の承認なしに国民や物資を動員。

❷ **大政翼賛会**…政党を解散して新たに結成。

❸ **植民地下の人々**…皇民化政策（日本語教育・創氏改名）・強制労働→抗日運動。

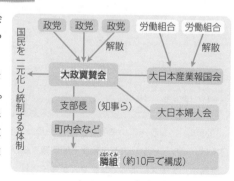

国民を二元化し統制する体制

- 政党　政党　政党 → 解散 → **大政翼賛会** ← 大日本産業報国会 ← 労働組合　労働組合 → 解散
- **大政翼賛会** → 支部長（知事ら）→ 町内会など → **隣組**（約10戸で構成）
- 大日本婦人会

18. 第二次世界大戦と日本

年号も
覚えねば！

時代	中国	年代	おもなできごと
昭和時代	中華民国	1939	ドイツ・ソ連の不可侵条約
			第二次世界大戦（～45）
		1940	日独伊三国同盟，大政翼賛会結成
		1941	日ソ中立条約，独ソ戦が始まる，太平洋戦争（～45）
		1943	イタリアの降伏，学徒出陣が始まる
		1944	集団疎開（学童疎開）が始まる
		1945	ドイツの降伏
			広島・長崎に原子爆弾，ソ連の対日参戦（ヤルタ協定）
			ポツダム宣言を受諾→降伏

1 第二次世界大戦中のヨーロッパ ★★

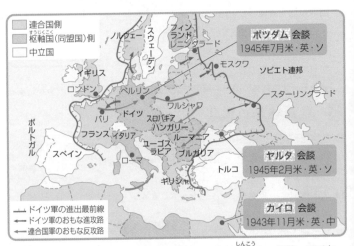

連合国側
枢軸国（同盟国）側
中立国

ノルウェー　スウェーデン　フィンランド
レニングラード
イギリス　モスクワ　ソビエト連邦
ロンドン　ベルリン　ワルシャワ　スターリングラード
パリ　ドイツ　スロバキア
ポルトガル　フランス　イタリア　ハンガリー　ルーマニア
スペイン　ユーゴスラビア　ブルガリア
ローマ　ギリシャ　トルコ

ポツダム 会談
1945年7月米・英・ソ

ヤルタ 会談
1945年2月米・英・ソ

カイロ 会談
1943年11月米・英・中

━┳━ ドイツ軍の進出最前線
◀━ ドイツ軍のおもな進攻路
◀━ 連合国軍のおもな反攻路

1939年，ヒトラー率いるドイツがポーランドに侵攻し，開戦。1940年，日本はドイツ・イタリアと**日独伊三国同盟**を結び，結束を強める。

戦時中，ナチスによってユダヤ人が弾圧され，多くの人が殺される。

得点UP!
- 第二次世界大戦がおきた原因と結果を整理しておこう。
- 太平洋戦争から降伏までの流れをまとめよう。

② 太平洋戦争 ★★★

❶ 開戦…1941年12月8日に、日本海軍がハワイの真珠湾を奇襲する一方、陸軍がマレー半島に上陸。

❷ アメリカの反攻

ミッドウェー海戦（1942年）→以後、日本軍は後退→日本各地への空襲(1944年)→沖縄へアメリカ軍上陸(1945年)→**広島・長崎への原子爆弾**の投下→1945年8月14日、日本が**ポツダム宣言**を受諾

ソ連 参戦 1945年8月
原爆投下 1945年8月
沖縄 戦 1945年3〜6月

ソ連
モンゴル
満州国
中華民国
朝鮮
日本
長崎 広島
沖縄
硫黄島
フランス領インドシナ
フィリピン
タイ
スマトラ
ジャワ
ボルネオ
ニューギニア
ガダルカナル島
グアム島
マリアナ諸島
マーシャル諸島
ハワイ
アッツ島
アリューシャン列島
ミッドウェー海戦 1942年6月
ミッドウェー島
真珠湾を奇襲攻撃 1941年12月

オーストラリア

← 日本軍の進出
← 連合国軍の反撃
○ 日本軍の進出線(1943年)

して無条件降伏→第二次世界大戦が終わる。

③ 連合国の戦後処理に向けた動き ★★

❶ 大西洋憲章(1941年)…のちの**国際連合憲章**の基礎(米・英)。

❷ カイロ会談(1943年)…米・英・中が出席。中国への台湾返還、朝鮮の独立を確認。

❸ **ヤルタ会談**(1945年)…米・英・ソが出席。**ドイツ**の戦後処理、ソ連の対日参戦・領土の引き渡しが秘密裏に取り決められる。

❹ ポツダム会談(1945年)…米・英・ソが出席。宣言は米・英・中の名で発表。

ここ重要

> ポツダム宣言で米・英・中は日本に降伏を勧告した。

part 1 社会
part 2 理科
part 3 数学
part 4 英語
part 5 国語

19. 日本の民主化と戦後の世界

年号も覚えねば！

時代	中国	年代	おもなできごと	
昭和時代	中華民国	1945	◆アジア諸国の独立	GHQの占領下
			◆冷たい戦争(冷戦)が始まる(〜89)	
			◆日本の民主化が行われる	
			→財閥解体・女性参政権・農地改革など	
			国際連合(本部ニューヨーク)の発足	
		1946	昭和天皇の「人間宣言」，日本国憲法の公布	
		1947	教育基本法・労働基準法・独占禁止法・地方自治法の公布	
		1949	北大西洋条約機構(NATO)，中華人民共和国の成立	
	中華人民共和国・(台湾)	1950	朝鮮戦争(〜53)，警察予備隊ができる	
		1951	サンフランシスコ平和条約→主権の回復	
			日米安全保障条約	
		1953	奄美諸島の日本復帰	
		1954	第五福竜丸事件，自衛隊の発足	
		1955	アジア・アフリカ会議	
			ワルシャワ条約機構の成立	
			第1回原水爆禁止世界大会(広島)	
			自由民主党結成→55年体制	
		1956	日ソ共同宣言(ソ連との国交回復)→国際連合へ加盟	
			―――日本の経済が急成長する―――	高度経済成長期
		1960	日米安全保障条約の改定(日米新安全保障条約)→安保闘争	
			アフリカで17か国が独立→「アフリカの年」	
		1962	キューバ危機	

ここ重要

財閥解体，日本国憲法の制定，農地改革などの民主化政策。

得点UP！
● 占領下の日本で行われた民主化政策をまとめよう。
● 日本国憲法の3つの基本原理を覚えよう。

① 連合国の占領と日本の民主化 ★★★

❶ 連合国の占領…連合国軍最高司令官総司令部(GHQ)の**マッカーサー**中心→軍国主義を取り除き，民主主義国家を建設することを目的。

❷ 日本の民主化…ⓐ満20歳以上の男女に選挙権を与える，ⓑ労働組合の結成の奨励，ⓒ治安維持法の廃止，ⓓ教育の民主化(教育基本法)，ⓔ経済の民主化(財閥解体・農地改革など)。

② 日本国憲法 ★★★

❶ 1946年11月3日公布，1947年5月3日施行。

❷ 主権は国民にあること(**国民主権**)。

❸ 戦争を再びおこさないこと(**平和主義**)。

❹ **基本的人権を尊重**すること。

❺ 天皇は日本国および日本国民統合の**象徴**。

日本国憲法は前文，103条からなるよ。

大日本帝国憲法…君主が定める欽定憲法。 くらべる 日本国憲法…国民が定める民定憲法。

③ 冷戦の激化と日本の独立 ★★

❶ 冷戦…アメリカ中心の**資本主義**陣営とソ連中心の**社会主義**陣営の対立。

❷ 日本の独立…**サンフランシスコ平和条約**(主権回復)・**日米安全保障条約**→**日ソ共同宣言**によりソ連と国交回復→**国際連合加盟**。

東西の対立

1950～53年 朝鮮戦争

1962年10月 キューバ危機

日本 東京 沖縄

北朝鮮 北京

太平洋

アメリカ カナダ

ワシントンD.C.

キューバ

大西洋

ソ連 中国

モスクワ

東ドイツ 西ドイツ

イギリス フランス

イラン

イタリア

1948年6月～49年5月 ベルリン封鎖 (1955年)

1965年激化～75年 ベトナム戦争

■ NATO加盟諸国　■ ワルシャワ条約機構加盟諸国
■ その他のアメリカの同盟国・地域　■ その他の社会主義国

年月も
覚えねば!

時代	中国	年代	おもなできごと	
昭和時代	中華人民共和国・(台湾)	1963	部分的核実験停止条約	高度経済成長期 国民生活の向上
		1964	東京オリンピック・パラリンピック	
		1965	アメリカが北爆を開始(ベトナム, 〜75) 日韓基本条約	
		1967	ヨーロッパ共同体(EC)が発足, 公害対策基本法	
		1968	核拡散防止条約	
		1972	沖縄の日本復帰, 日中共同声明(日中の国交正常化)	
		1973	第四次中東戦争, 石油危機	
		1978	日中平和友好条約	
		1980	イラン・イラク戦争(〜88)	
		1989	ベルリンの壁崩壊, マルタ会談→冷戦の終結	バブル経済
		1990	東西ドイツの統一	
平成時代		1991	湾岸戦争, ソ連の解体	
		1993	ヨーロッパ連合(EU)が発足	
		1995	阪神・淡路大震災	
		1996	包括的核実験禁止条約	
		1997	香港が中国に返還される	
		2001	アメリカ同時多発テロ	
		2003	イラク戦争	
		2008	世界金融危機	
		2011	東日本大震災	
		2016	日本で選挙権年齢が満18歳以上に引き下げられる	
令和		2020	イギリスがEU離脱, 新型コロナウイルス感染拡大	

現代は世界の
グローバル化が
進んでいるよ。

ここ重要

非核三原則→核兵器を「もたず, つくらず, もちこませず」

● 高度経済成長による社会の変化をおさえよう。
● 冷戦が終わったあとの世界の動きを整理しておこう。

part 1 社会
part 2 理科
part 3 数学
part 4 英語
part 5 国語

① 高度経済成長による変化 ★★

❶ **朝鮮戦争**による**特需景気**がきっかけ→日本経済の回復・急成長。「**所得倍増計画**」→国民生活の向上(家庭電化製品や自動車の普及)。

❷ 社会の変化…重化学工業の発展→農村から都市への急激な人口移動→**農村の過疎化・都市の過密化**。**公害**問題の発生→**公害対策基本法**の制定。

❸ **石油危機**(1973年)→高度経済成長が終わる→安定成長期へ。

② 現代の日本と世界 ★★

❶ 日本と東アジア…1965年に**日韓基本条約**(日韓国交正常化)→1972年に**沖縄返還**,同年**日中共同声明**(日中国交正常化)→1978年に**日中平和友好条約**→ソ連(ロシア)とは**北方領土**問題により,平和条約の締結に至らず,北朝鮮とは国交正常化が実現していない。

❷ 冷戦の終結…1989年に**ベルリンの壁**が崩壊→アメリカとソ連の首脳による**マルタ会談**で**冷戦の終結**を宣言→1990年に**東西ドイツの統一**が実現→1991年に**ソ連**が解体。

❸ 多極化する世界

冷戦の終結により,地域間の結びつきが強まる。一方,各地で**地域紛争**やテロが表面化し,多くの難民が発生。紛争の解決には**国連平和維持活動(PKO)**の役割も大きい。また,情報通信技術の進展などにより,**グローバル化**が進む。

世界のおもな地域統合

(2020年)

■ アフリカ連合(AU)55の国・地域
■ 東南アジア諸国連合(ASEAN)10か国
■ ヨーロッパ連合(EU)27か国
■ 米国・メキシコ・カナダ協定(USMCA)3か国

ここ重要

地球温暖化,**核廃絶**,エネルギー・食料問題は地球規模の課題。

1. オームの法則

① 電流の流れる道筋と向き ★★

❶ 電流は，電源の＋極から出て，－極にもどると決められている。

❷ 1本の道筋を直列回路，枝分かれした道筋を並列回路という。

② 電気用図記号 ★★

❶ 電球　❷ 電気抵抗　❸ 直流電源
❹ 電流計　❺ 電圧計　❻ スイッチ

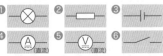

③ 電流計・電圧計のつなぎ方 ★★★

❶ 電流計は回路に直列につなぐ。　❷ 電圧計は回路に並列につなぐ。

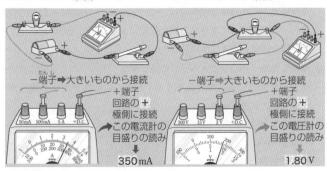

－端子➡大きいものから接続
＋端子➡回路の＋極側に接続
➡この電流計の目盛りの読み
↓
350 mA

－端子➡大きいものから接続
＋端子➡回路の＋極側に接続
➡この電圧計の目盛りの読み
↓
1.80 V

④ 直列回路，並列回路の電流・電圧 ★★★

❶ 直列回路

電流

結果 $I_1 = I_2 = I_3$

電圧

結果 $V_{ae} = V_{bc} + V_{cd}$

❷ 並列回路

電流

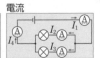

結果 $I_1 = I_2 + I_3 = I_4$

電圧

結果 $V_{af} = V_{bc} = V_{de}$

ここ重要

①の直列回路は，電流はどこも同じ，全体の電圧は各部の電圧の和になる。
②の並列回路は，回路全体の電流は各部の電流の和，電圧はどこも同じになる。

得点 **UP!** ● 直列回路は電流の大きさはどこも同じ。全電圧は和になる。

part 2 理科
part 3 数学
part 4 英語
part 5 国語

⑤ 電圧と電流の関係 ★★★

❶ 回路に流れる電流の大きさは電圧に比例する。
❷ 抵抗…電流の流れにくさを電気抵抗,
または抵抗という。
❸ 抵抗の単位… 1 Vの電圧を加えたと
き, 1 Aの電流が流れる抵抗の値は
1 Ω(オーム)である。

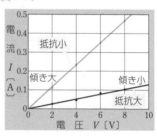

回路図

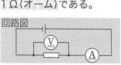

【ここ重要】

電流と電圧は比例する。これをオームの法則という。

$$電圧 V = 電流 I × 抵抗 R, \quad または, \quad I = \frac{V}{R}, \quad R = \frac{V}{I}$$

⑥ 抵抗の直列つなぎ・並列つなぎ ★★

❶ 抵抗の直列つなぎ…全体
の抵抗は, 各部の抵抗の
和になる。
❷ 抵抗の並列つなぎ…全体
の抵抗は, 各部の抵抗よりも小さくなる。

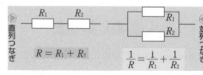

$$R = R_1 + R_2 \qquad \frac{1}{R} = \frac{1}{R_1} + \frac{1}{R_2}$$

【これ 暗記】

オウムが　**バイオリン**を
Ω　＝　　V

割って　**ア**ッと驚く
÷　　A

パキッ

抵抗〔Ω〕は, 電圧〔V〕÷電流〔A〕で求められる。

part **2**

理科

2. 電流と熱・光

① 電流による発熱 ★★★

❶ **並列回路による上昇温度**…電熱線に電流を流すと、熱が発生して、並列

回路では、A・B・C（抵抗：A＜B＜C）にかかる電圧は等しく、抵抗の値が最も小さいAに最も大きい電流が流れる。グラフ

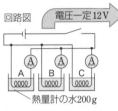
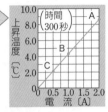

よりAが最も温度上昇が大きく、Aの発熱量が最も大きい。

❷ **直列回路による上昇温度**…直列回路では、A・B・Cに流れる電流の大き

さは等しく、抵抗の値が最も大きいCに最も大きな電圧がかかる。グラフよりCが最も温度上昇が大きく、Cの発熱量が最も大きい。

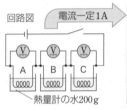
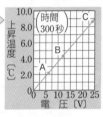

② 上昇温度と電力量 ★★

❶ 右の図の実験で電源装置の電圧を大きくすると、電流も大きくなり、水の温度上昇も大きくなる。実験結果をグラフにして表すと、電圧と電流の積と上昇温度（発熱量）は比例することがわかる。

❷ 電圧と電流の積を電力といい、電力の単位はワット（記号W）である。

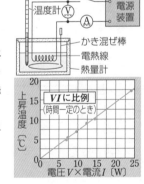

ここ重要

電力 $P(\mathrm{W}) = V(\mathrm{V}) \times I(\mathrm{A})$

③ 電力と電力量・発熱量 ★★

❶ 時間と上昇温度…温度上昇は時間に比例する。

❷ 発熱量の単位…ジュール(記号 J)で表す。

注 1 g の水の温度を 1℃上昇させるのに必要な熱量は 1 cal である。1 cal は約 4.2 J。

❸ 電力と電力量…電気のはたらきの総量を電力量という。単位はジュール(記号 J)である。

電力量 W(J)＝電力 P(W)×時間 t(s)
　　　　　＝電圧 V(V)×電流 I(A)×時間 t(s)

❹ 電力量と発熱量…電流によって発生する熱量(発熱量)は，消費される電力量と同じ式によって求められる。

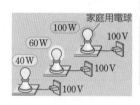

④ 電力の大きさとはたらき ★

家庭用電気器具(電圧 100 V 使用)には消費電力が表示されている。右の図では 100 W の電球の抵抗が最も小さく，大きな電流が流れるので，消費される電力(消費電力)は最も大きい。その結果，最も明るく点灯する。

ここ注意！

実際にどれだけの電力を消費したかにより，電球の明るさが決まる。

これ 暗記

発熱し
発熱量 Q(J)

微熱 と 痛み が ともなって
電圧 V(V)× 電流 I(A)× 時間 t(s)

電力量W(発熱量Q)は電圧V，電流I，時間tの積で求められる。

月 日

3. 静電気と電子 (1)

① 静電気の発生 ★

❶ 静電気…異なる物体を互いに摩擦すると, それ
ぞれ違う種類の電気をもつ。この摩擦によって
生じる電気を静電気または摩擦電気という。

❷ 電気には, ＋の電気と－の電気の2種類がある。

❸ 右の図ではティッシュペーパーの－の電気がストローへ移動した。

② 静電気の性質 ★

右の図のように, －の電気を
帯びたエボナイト棒どうしを近
づけるとしりぞけ合い, －の電
気を帯びたエボナイト棒と＋の
電気を帯びたガラス棒を近づけ
ると引き合う力が生じる。

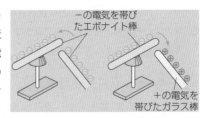

ここ重要

> 同じ種類の電気はしりぞけ合い, 異なる種類の電気は引き合う。

③ 静電気のはたらき ★

静電気は,
反発したり
引き合う性
質を利用し
て日常のい

ろいろなところで使われている。

❶ 食品用のラップ…ラップをはがすときに電気を帯びるため, 静電気で
ラップが食器などにはりつく。

❷ 空気清浄機…静電気により空気中のちりやほこりなどを吸着する。

❸ コピー機…紙を帯電させて粉末のインクをはりつかせる。

得点 UP!　●移動するのは−の電子。−の電子が少なくなると＋の電気を
帯びる。

④　放　電 ★

　静電気を帯びている物体に，電気が流れやすい物体を
近づけたり接触させたりすると，物体にたまっていた電
気が一瞬で流れる。これが放電である。例えば，稲妻や，
セーターを脱ぐときに生じるパチパチ音などは静電気の
放電である。

▲雷

⑤　真空放電 ★

　空気を抜いて放電管内の気圧を下げていくと，その真空度に応じて写真
A〜Dの順に真空放電が起こる。

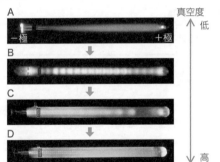

ここ重要

真空度が高いと放電しやすくなる。

これ　暗記

空間を　電子 さんが飛んで　放電し
　　　　電子

空間を−の電気が流れ出したり，電気が移動する現象
を放電という。

part 1 社会

part 2 理科

part 3 数学

part 4 英語

part 5 国語

① 陰極線の性質 ★★★

❶ 真空放電を行うと，放電管の＋極側のガラス壁が黄緑色に光る。

　→−極から出ているものを陰極線（電子線）という。

❷ 蛍光物質にあたると光る。

❸ 電極板の＋極側に曲がる。

　→陰極線は，−の電気をもった電子の流れである。

❹ 磁石を近づけると曲がる。

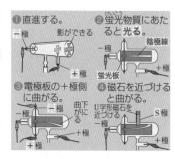

❶直進する。　影ができる
❷蛍光物質にあたると光る。　陰極線　蛍光板
❸電極板の＋極側に曲がる。　曲下がる
❹磁石を近づけると曲がる。　U字形磁石を近づける　S極

ここ重要

> 陰極線は，−の電気をもった電子の流れである。

② 電流の流れと電子 ★★★

　電子は−の電気を帯びており，金属原子の間を自由な向きに動き回っている。電圧がかかっているとき，電子は＋極に引かれて，−極から＋極に向かって移動する。

❶ 電流は，電源の＋極から流れ出し，−極にもどると考える。

❷ 電流の正体は，電子の流れである。

❸ 電子は，電源の−極から＋極へ出る。

ここ注意！

> 電流の流れる向きと，電子の流れる向きは逆である。

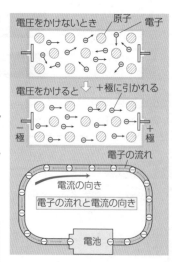

電圧をかけないとき　原子　電子
電圧をかけると　＋極に引かれる
電子の流れ
電流の向き
電子の流れと電流の向き
電池

得点 UP!
● 電離作用の大きいものは透過作用が小さい。透過作用が
大きいものは電離作用が小さい。

③ 放射線 ★★

放射線は，自然界に存在しているものと人工的につくられるものがあり，物体を透過する**透過作用**，ぶつかったものをイオン化する**電離作用**が性質としてあげられる。放射線を出す物質を**放射性物質**といい，放射線を出す性質（能力）を**放射能**という。代表的な放射線として，次のものがある。

❶ **α線**…高速のヘリウム原子核の流れ

❷ **β線**…高速の電子の流れ

❸ **γ線・X線**…電磁波（光の一種）

❹ **中性子線**…中性子（電気をもたない）の流れ

放射線は，「**粒子線**」と「**電磁波**」に分けられる。

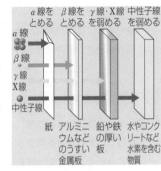

●**粒子線**…α線，β線，中性子線

●**電磁波**…X線，γ線

物質を透過する力は，α線＜β線＜γ線 の順である。

❺ **放射線の利用**…レントゲン検査では透過力の強い放射線であるX線が使われている。ジャガイモの芽が出ないようにγ線を照射する。

❻ **放射線の単位**…放射線が人体にあたったときの健康への影響を示す単位としてシーベルト（Sv）がある。日本人の自然からの1年間の被ばく線量は，平均2.1ミリシーベルト，医療におけるCT検査では5〜30ミリシーベルト，胸部X線直接撮影は0.06ミリシーベルト程度である。（ミリは1000分の1を示す。）

これ 暗記

ヤンマ（γ線）は <u>アミ</u>を　通り抜け
ガンマ　　　　　　　アルミニウム

γ線はアルミニウム板を透過する。

月　日

5. 電流と磁界

① 磁石がつくる磁界 ★★

❶ 磁石のまわりには磁力がはたらく空間があり，これを磁界という。

❷ 磁界内においた方位磁針のN極がさす向きを磁界の向きという。

❸ 磁石のまわりに鉄粉を散らすと，曲線のしま模様ができる。これを磁力線という。磁力線の向きは磁界の向きと同じで，磁石のN極から出てS極にもどる向きになる。

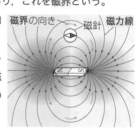

② 電流がつくる磁界 ★★★

❶ まっすぐな電流による磁界

右ねじの進む向きを電流の流れる向きに合わせると，右ねじの回転方向（進む向き）と同じ向きに磁界が生じる。

❷ コイルに電流が流れるときの磁界

コイルに流れる電流の向きに右手の4本の指を合わせると，親指の方向がコイルの中の磁界の向きで，電磁石になったときのN極の向きになる。

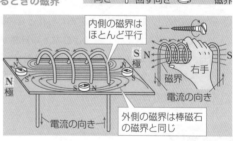

こ こ 重要

> 磁力を大きくするには，大きい電流を流す，コイルの巻数を多くする，コイルの中に鉄しんを入れるなどの方法がある。

● 電流の向きと磁界の向きをどちらも変えると、電流が受ける力の
向きは変化しない。

③ 電流が磁界から受ける力 ★★★

❶ 磁石による磁界の中に、電流による磁界をつくると、力が生じて導線が動く。

❷ 電流の向きを逆にする…力の向きは逆になる。

❸ 磁界の向きを逆にする…力の向きは逆になる。

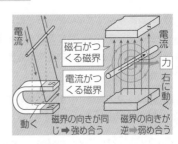

❹ 力の大きさ…電流を大きくしたり、磁界を強くしたりすると、力は大きくなる。

④ モーター（電動機）のしくみ ★★

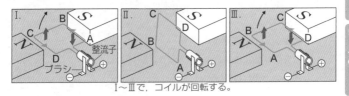

Ⅰ〜Ⅲで、コイルが回転する。

❶ ブラシと整流子で、半回転ごとにコイルに流れる電流の向きを変える。

❷ 磁石のN極の近くで流れる電流の向きは同じになる。

❸ 同じ向きの力がはたらき、コイルが回転する。

これ 暗記

滝の流れ **右手回して** **自戒する**
電流の向き　右ねじを回す向き　　磁界の向き

右ねじの進む向きに電流の向きを合わせると、磁界の
向きは右ねじを回す向きになる。

6. 電磁誘導

① 電磁誘導（ゆうどう）★★★

❶ 電磁誘導…コイルに棒磁石を出し入れして，コイルの中の磁界を変化させると，変化に応じて電流を流そうとする電圧が生じ，コイルに電流が流れる。このような現象を電磁誘導といい，そのとき流れる電流を誘導電流という。

❷ 誘導電流の向き…移動する磁石の極（N極かS極）や動く向き（近づくか離（はな）れるか）によって変化する。

❸ コイルに対して磁石が移動するとき，その移動を妨げ（さまた）る向きにコイルの磁界ができ，誘導電流が流れる。

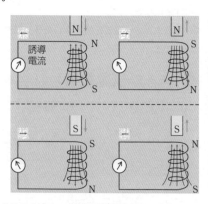

- コイルにN極が上から下に近づく。
  - ➡N極がコイルに近づくのを妨げるように，コイルの上側にはN極が生じる。
- ➡コイルの上側にN極が生じる方向に，誘導電流が流れる。
  （右手の親指が上（N極），4本の指の方向に誘導電流がコイルに流れる。）
- コイルからN極が上に遠ざかる。
  - ➡N極がコイルから遠ざかるのを妨げるように，コイルの上側にはS極が生じる。
  - ➡コイルの上側にS極が生じる方向に，誘導電流が流れる。
    （右手の親指が下（N極），4本の指の方向に誘導電流がコイルに流れる。）

ここ重要

> 誘導電流を大きくするには，強い磁界，磁石をすばやく動かす，コイルの巻数をふやすなどの方法がある。

② 発電機 ★★

❶ 磁界の中にあるコイルに力を加えて回転させると, 誘導電流が生じる。

❷ 発電機…コイルの内部の磁界を変化させて, 誘導電流をつくる装置を発電機という。

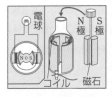

❸ 発電機の原理

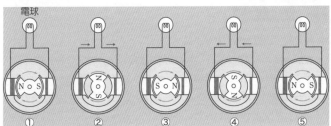

③ 直流と交流 ★

❶ 直流と交流…電池のように, +極と-極が決まっている電源から流れる電流を直流といい, 家庭用のコンセントのように, +極と-極が決まっていない電源から流れる電流を交流という。

❷ 周波数…交流では, 規則正しく+極と-極が入れかわっている。1秒間にくり返す電流の向きの変化の回数を, 交流の周波数という。周波数の単位は, ヘルツ(記号 Hz)である。

これ 暗記

家庭では 人を**入れかえ** 交流し
家庭用のコンセント　+極と-極が
　　　　　　　　　　入れかわっている

家庭用のコンセントに流れる交流では, +極と-極が
入れかわっている。

7. 物質の分解

① 化学変化 ★

❶ 化学変化…ある物質が別の物質に変わることを化学変化という。

注 水素が燃えて水になる。

❷ 分解…1種類の物質が2種類以上の物質に分かれる化学変化を分解といい、特に、加熱による分解を熱分解という。

② 分解 ★★

❶ 熱分解・炭酸水素ナトリウム

炭酸水素ナトリウム① —熱→ 炭酸ナトリウム②＋水③＋二酸化炭素④

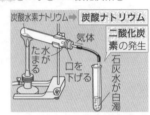

炭酸水素ナトリウム➡炭酸ナトリウム

二酸化炭素の発生

石灰水が白濁

①白い粉末。水にあまり溶けず、水溶液は弱いアルカリ性(フェノールフタレイン液でうすい赤色に変化)。

②白い粉末。水によく溶け、水溶液は強いアルカリ性(フェノールフタレイン液で濃い赤色に変化)。

③下げた試験管の口に液体がたまる。塩化コバルト紙が青色から赤色に変化。

④気体が発生。石灰水に通すと白く濁る。

❷ 他の物質のはたらきで分解・過酸化水素水

過酸化水素水 —二酸化マンガン①→ 酸素②＋水

過酸化水素水(オキシドール)　酸素

二酸化マンガン　水

①二酸化マンガンは変化しない。他の物質を変化しやすくする。触媒という。

②気体が発生。水上置換法で集める。火のついた線香を入れると炎をあげて燃える(助燃性)。

ここ重要

炭酸水素ナトリウムは重曹で、ふくらし粉にも含まれている。

❸ 電気分解・水

水① $\xrightarrow{\text{電流}}$ 水素② ＋酸素③

①水は電流を流さないため，電流が流れるように，うすい水酸化ナトリウム水溶液を使う。

②陰極に発生。マッチの火を近づけると，音を立てて燃える。

③陽極に発生。火のついた線香を近づけると，勢いよく燃える。
発生する気体の体積比は，

酸素：水素＝1：2

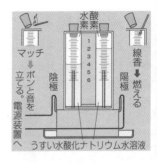

うすい水酸化ナトリウム水溶液

❹ 電気分解・塩化銅水溶液

塩化銅水溶液①

$\xrightarrow{\text{電流}}$ 銅② ＋塩素③

①うすい青色の水溶液。

②陰極に赤色の銅が付着する。

③陽極付近の水をとり，赤インクに加えると，色が消えて白くなる漂白作用を示す。これは，塩素が発生して水に溶けているからである。

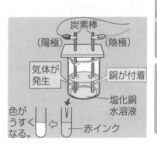

電気を流すことで，物質を分解することを電気分解というよ。

これ　暗記

水分解
水の電気分解

酸素 ・ 水素で
陽極　　　陰極

1：2
体積の割合

水の電気分解では，陽極に酸素，陰極に水素が
1：2の体積比で発生する。

8. 物質と原子・分子

① 原子の性質 ★

❶ 原子…物質をつくる最小の粒子を原子という。

❷ 原子は、これ以上分割することができない。

❸ 原子は、別の種類の元素の原子に変化することがない。

❹ 原子は、新しく生じたり、消滅したりしない。

❺ 原子は、種類により、大きさや質量が決まっている。

分割しない　新しく生まれない　種類により、大きさ、質量が異なる

変わらない　消滅しない　鉄　金

② 分子の性質 ★★

❶ 分子…原子が結びついてできた、物質の性質を示す最小の粒子を分子という。

❷ 分子をつくる原子の種類や数は、それぞれの分子によって決まっている。

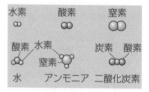

水素　酸素　窒素

酸素　水素　炭素　酸素

水　アンモニア　二酸化炭素

③ 物質の構成粒子 ★★

❶ 原子が集まって物質をつくる。（金属など）

❷ 分子が集まって物質をつくる。（気体、砂糖など）

❸ イオンが一定の割合で結合して物質をつくる。（食塩など）

④ 状態変化と分子 ★★★

❶ 固体…分子どうしの距離が近く、お互いの結びつきによって集まっている。分子は自由に動かず、熱によって振動している。

❷ 液体…分子間の距離が離れ、結びつきの力は弱くなり、分子は自由に動き回る。

❸ 気体…分子間の距離はさらに離れ、自由に飛び回る。このときの衝突の力が圧力になる。

氷　氷の結晶

水蒸気　わずかに振動している

水

自由に飛び回る　自由に動ける

⑤ 周期表 ★★★

❶ 元素…物質をつくる原子の種類を元素という。

❷ 現在，110種類以上の元素が確認されている。

周期表の縦の列を族，横の行を周期というよ。

❸ 周期表…原子を，原子番号の順に，ほぼ質量の小さいものから並べたものを周期表とよぶ。最初に周期表を考案したのはロシアのメンデレーエフである。

❹ 周期表の縦の列に並ぶ元素は，化学的性質が似ている。

$_1$H 水素							$_2$He ヘリウム
$_3$Li リチウム	$_4$Be ベリリウム	$_5$B ホウ素	$_6$C 炭素	$_7$N 窒素	$_8$O 酸素	$_9$F フッ素	$_{10}$Ne ネオン
$_{11}$Na ナトリウム	$_{12}$Mg マグネシウム	$_{13}$Al アルミニウム	$_{14}$Si ケイ素	$_{15}$P リン	$_{16}$S 硫黄	$_{17}$Cl 塩素	$_{18}$Ar アルゴン
$_{19}$K カリウム	$_{20}$Ca カルシウム						

▢は室温で気体，▢は室温で固体

▲周期表（原子番号1番から20番まで）

ここ重要

▶ 1種類の元素からなる物質を単体，2種類以上の元素からなる物質を化合物とよぶ。

例 単体…水素，酸素，窒素など

　　化合物…水，アンモニア，二酸化炭素など

▶ 有機物は炭素を含む化合物で，多くの場合は水素も含む。

これ 暗記

最小の 性格示す 分子さん
最小の粒子　　性質をもつ

すごい性格だ

オラッ！やんか

分子は物質の性質をもつ最小の粒子である。

9. 化学変化の表し方

月　日

① 元素記号 ★★★

❶ 原子の種類（元素）を表すには元素記号を使う。

❷ アルファベットの大文字1文字，または大文字1
文字と小文字1文字で表記する。

銀 **Ag**
大文字 ↵
小文字 ↵

元素	元素記号	元素	元素記号	元素	元素記号
アルミニウム	Al	酸　素	O	ナトリウム	Na
硫　黄	S	水　銀	Hg	鉛	Pb
塩　素	Cl	水　素	H	バリウム	Ba
カリウム	K	炭　素	C	ヘリウム	He
カルシウム	Ca	窒　素	N	マグネシウム	Mg
金	Au	鉄	Fe	ヨウ素	I
銀	Ag	銅	Cu	リ　ン	P

② 化学式 ★★★

物質を元素記号と数字で表したものを化学式という。

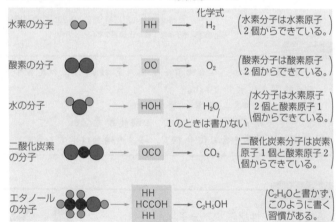

水素の分子　●●　→　HH　→　H_2　（水素分子は水素原子2個からできている。）

酸素の分子　●●　→　OO　→　O_2　（酸素分子は酸素原子2個からできている。）

水の分子　→　HOH　→　H_2O　（水分子は水素原子2個と酸素原子1個からできている。）
1のときは書かない

二酸化炭素の分子　●●●　→　OCO　→　CO_2　（二酸化炭素分子は炭素原子1個と酸素原子2個からできている。）

エタノールの分子　→　HH HCCOH HH　→　C_2H_5OH　（C_2H_6Oと書かず，このように書く習慣がある。）

ここ重要

化学式の右下にある数字は，すぐ前の原子の個数を表す。

> 得点 UP! ● 化学反応式の両辺で，原子の種類と数が等しくなるように係
> 数をつける。

③ 化学反応式の書き方 ★★★

❶ ─→の左辺には反応させる物質，
右辺には反応後に生成する物質
を書く。

❷ 左右の物質を化学式で表す。

❸ 左辺と右辺の原子の種類と数を
調べる。

❹ 左右それぞれで，原子の種類と
数が等しくなるように係数をつ
ける。

　例 炭素の燃焼

$$C + O_2 \longrightarrow CO_2$$

　メタンの燃焼

$$CH_4 + 2O_2 \longrightarrow CO_2 + 2H_2O$$

　亜鉛にうすい塩酸を加える。

$$Zn + 2HCl \longrightarrow ZnCl_2 + H_2$$

● 水素と酸素が化合すると水ができる。
　　水　素 + 酸　素 ─→ 水
　↓
● 左辺と右辺の物質を化学式で表す。
　　H_2　+　O_2　─→　H_2O
　↓
● 左辺と右辺の原子の種類と数を調べる。
　（左辺）水素原子2　　（右辺）水素原子2
　　　　　酸素原子2　　　　　　酸素原子1
　↓
● 酸素原子の数をそろえるために，右辺
　にH_2Oを1個ふやす。
　　H_2　+　O_2　─→　H_2O，H_2O
　↓
● 左辺で水素原子をそろえるために，左
　辺にH_2を1個ふやす。
　　H_2, H_2　+　O_2　─→　H_2O，H_2O
　↓
● 同じ分子をまとめて式を完成。
　　$2H_2$　　+　　O_2　─→　$2H_2O$
　　係数　　　係数1はつけない

▲ 水の合成の場合

ここ重要

化学反応式で，化学式の前にある係数は，後ろに続く物質の
個数を表す。
　例　$2H_2$ + ～では水素分子（H_2）が2個ある。

これ 暗記

左右見て　原子そろえて　反応式
左辺と右辺　　原子の種類と数が同じ　　化学反応式

原子の種類と数は左辺と右辺で同じになるようにする。

part 1 社会
part 2 理科
part 3 数学
part 4 英語
part 5 国語

月　日

10. 化学変化と熱

1 物質の結びつき ★★

❶ 化合物…2種類以上の物質が結びつき，別の物質ができる化学変化によって，生じた物質を化合物という。

❷ 鉄と硫黄の反応

鉄	+	硫黄	⟶	硫化鉄	反応で鉄の性質が失われる。
Fe	+	S	⟶	FeS	生成物には異なった性質がある。

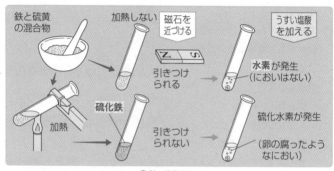

▲鉄と硫黄の反応

❸ 銅と塩素の反応

銅	+	塩素	⟶	塩化銅	反応で銅の性質が失われる。
Cu	+	Cl_2	⟶	$CuCl_2$	生成物には異なった性質がある。

▲塩化銅の水溶液のつくり方

ここ重要

塩素が結びついて塩化物，硫黄が結びついて硫化物。

●2種類以上の元素から化学反応によってできる物質を化合物という。

得点UP!

② 化学変化と熱の発生 ★★

❶ 発熱反応…化学変化によって，温度が上がる反応を**発熱反応**という。

❷ メタノールの燃焼

メタノール ＋ 酸素 ⟶ 二酸化炭素 ＋ 水 ＋ 熱

酸化カルシウム（生石灰）に水を加えると，水酸化カルシウムができて熱が発生するよ。

③ 化学変化と熱の吸収 ★

❶ 吸熱反応…化学変化によって，温度が下がる反応を**吸熱反応**という。

❷ アンモニアの発生

塩化アンモニウム ＋ 水酸化バリウム ＋ 熱 ⟶

アンモニア ＋ 塩化バリウム ＋ 水

④ 発熱反応・吸熱反応の利用 ★★

❶ 発熱反応の利用・携帯用かいろ（化学かいろ）

活性炭（炭素）と鉄粉，食塩水を混ぜると発熱する。空気中の酸素と鉄が結びついて酸化鉄が生じ，熱を発生する。

❷ 瞬間冷却パック

硝酸アンモニウムが水に溶けると熱を吸収する。（これは化学変化ではない。）

これ 暗記

参加して 鉄人レース後 熱を出し
酸化　　　鉄　　　　　　　発熱反応

まあ！

鉄が酸化すると熱が発生する。

part 1 社会

part 2 理科

part 3 数学

part 4 英語

part 5 国語

理科

11. 酸化と還元

① 金属の酸化 ★★★

❶ 酸化…酸素と結びつく化学反応を酸化という。

❷ 反応が激しく，熱や光を出す酸化を燃焼という。

❸ 酸化によって酸化物ができる。

　例スチールウール（鉄）＋ 酸素 ── 酸化鉄

　　マグネシウム ＋ 酸素

　　　　　── 酸化マグネシウム

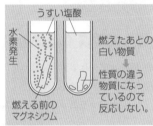
△空気中のマグネシウムの燃焼

❹ 金属がさびる変化は，ゆっくり進む酸化である。

　例鉄がさびると赤さびができる。
　　銅がさびると緑青ができる。

うすい塩酸

水素発生

燃えたあとの白い物質
↓
性質の違う物質になっているので反応しない。

燃える前のマグネシウム

② 有機物の酸化 ★★

❶ 酸素と有機物に含まれる炭素が結びついて二酸化炭素が生じる。

❷ 酸素と有機物に含まれる水素が結びついて水が生じる。

　例メタン ＋ 酸素

　　　── 二酸化炭素 ＋ 水

△ろうそくの燃焼

石灰水

二酸化炭素があると
白く濁る

水滴ができる

塩化コバルト紙
（水にふれると青色が赤色に）
△二酸化炭素と水の検出

ここ重要

▶**2Mg ＋ O₂ ── 2MgO** ……………	マグネシウムの燃焼

▶**2Mg ＋ O₂ ── 2MgO** ………… マグネシウムの燃焼
マグネシウム　酸素　　酸化マグネシウム

▶**2Cu ＋ O₂ ── 2CuO** ………… 銅の酸化
　銅　　　酸素　　　酸化銅

▶**CH₄ ＋ 2O₂ ── CO₂ ＋ 2H₂O** … メタンの燃焼
　メタン　　酸素　　二酸化炭素　　水

得点 UP!　● 物質が酸素と結びつくのが酸化，酸化物から酸素が奪われるのが還元である。

③ 酸化物の還元 ★★★

❶ 酸化物と活性炭（炭素）を混ぜて加熱すると，二酸化炭素が発生し，黒い酸化銅が赤色の銅に変化する。

❷ 酸化物から，酸素が奪われる反応を還元という。

❸ 炭素が酸化銅から酸素を奪って，二酸化炭素が生じる。発生した気体を石灰水に通すと白濁する。（炭素は酸化されている。）

❹ 試験管の中には，酸化銅の中の酸素がとり除かれ，銅だけが残る。（酸化銅は還元されている。）

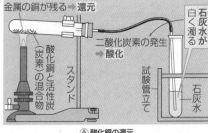

金属の銅が残る➡還元
二酸化炭素の発生➡酸化
石灰水が白く濁る
酸化銅と活性炭（炭素）の混合物
スタンド
試験管立て
石灰水

▲ 酸化銅の還元

ここ重要

$$2CuO + C \longrightarrow 2Cu + CO_2$$ …… 酸化銅の還元

酸化銅　　炭素　　　銅　　二酸化炭素

④ 還元の利用 ★

砂鉄と木炭を炉に入れ，ふいごで空気（酸素）を送り，燃やし続ける。玉鋼とよばれる，刃物に適した鉄ができる。この鉄のつくり方をたたら法という。

これ 暗記

酸化・還元　酸素同時に **とり合いし**
　　　　　　　　　　　　とり，とられる

酸化は酸素と結びつく反応，還元は酸素が奪われる反応で同時に起こる。

① 有機物や金属の燃焼 ★

❶ ろうそくやエタノールを燃焼させると，なくなっていく。

❷ 金属を燃焼させると質量が大きくなる。

❸ 金属が，空気中の酸素と結びつくともとの物質と違う物質ができ，質量が大きくなる。

② 密閉容器中の化学変化 ★★★

❶ フラスコ内の金属の燃焼

マグネシウムと酸素を右の図のようにフラスコを密閉した状態で反応させると，反応後もつりあったままで，全体の質量は変化しない。

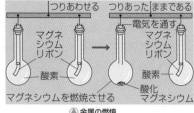

▲金属の燃焼

❷ 気体を発生させる反応

炭酸水素ナトリウムとうすい塩酸を下の図のように密閉した容器の中で反応させると，反応後も全体の質量は変化しない。

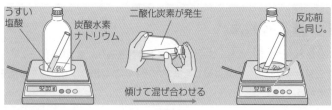

▲気体を発生させる反応

ここ重要

炭酸水素ナトリウムと塩酸の化学変化

▶ $NaHCO_3$ ＋ HCl ⟶ $NaCl$ ＋ CO_2 ＋ H_2O
炭酸水素ナトリウム　　　塩酸　　　塩化ナトリウム　二酸化炭素　　水

❸ 質量保存の法則…化学反応の前後で，物質全体の質量は変化しないことを質量保存の法則という。

得点 UP!
● 密閉容器中の化学変化では，反応の前後で質量は変化しない。
● 化学変化により結びつく物質の質量の比は，一定になる。

③ 金属と酸素の反応 ★★★

❶ 質量保存の法則より，
   酸化物の質量−反応前の金属の質量＝結びついた酸素の質量
   これより，結びついた酸素の質量を求めることができる。
❷ 金属の酸化物中の，金属の質量と酸素の質量の比は，一定の値を示す。
❸ 下の図のグラフより，マグネシウムの質量が3に対して，結びつく酸素の質量の割合は2である。
❹ 下の図のグラフより，銅の質量が4に対して，結びつく酸素の質量の割合は1である。

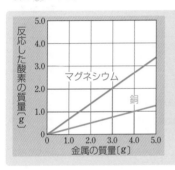

● マグネシウム＋酸素
　　　　　　→酸化マグネシウム
$2Mg + O_2 \longrightarrow 2MgO$
$3.0\,g + 2.0\,g = 5.0\,g$

● 銅＋酸素 → 酸化銅
$2Cu + O_2 \longrightarrow 2CuO$
$4.0\,g + 1.0\,g = 5.0\,g$

❺ 同じ質量の酸素と結びつくのは，
   マグネシウムの質量が3に対して，
   銅の質量の割合が8である。

2つの物質が反応するとき，どちらか一方の物質が多いと，多いほうの物質が反応せずに残るよ。

これ 暗記

反応の　前後で　質量　保存され
化学反応　　　　　　　質量保存の法則

化学反応の前後での物質全体の質量は変わらないことを
質量保存の法則という。

質量に変化なし

13. 細胞のつくり

1 細胞のつくり ★

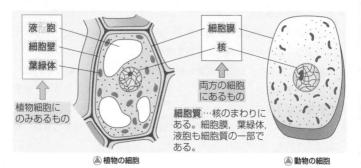

液胞
細胞壁
葉緑体

細胞膜
核

両方の細胞にあるもの

植物細胞にのみあるもの

細胞質…核のまわりにある。細胞膜，葉緑体，液胞も細胞質の一部である。

▲ 植物の細胞　　　　　　　　▲ 動物の細胞

> **ここ注意！**
>
> 植物の細胞に特有のものは，液胞，細胞壁，葉緑体である。

❶ 動物・植物細胞の両方にみられるもの

● **核**…遺伝のもととなる遺伝子（DNA）を含んでいる。酢酸カーミンで赤く，酢酸オルセインで紫色に染色する。このほか，酢酸ダーリア液では青紫色に染色する。

● **細胞質**…細胞膜内の核以外の部分のこと。

● **細胞膜**…細胞質のいちばん外側のうすい膜。

❷ 植物の細胞だけにあるもの

● **細胞壁**…植物の細胞の細胞膜の外側にあるじょうぶな仕切り。からだの形を保つ役割をする。

● **葉緑体**…葉緑素（クロロフィル）を含む。光合成を行う。植物が緑色をしているのは，細胞内に葉緑体を多く含むことによる。

● **液胞**…植物の細胞質の中にできる袋状のもの。植物のからだを支えたり，不要物をためておく。

> **ここ重要**
>
> 細胞壁・葉緑体・液胞は植物の細胞にだけ存在する。

② 細胞の呼吸（細胞呼吸）★

酸素と養分（栄養分）で，細胞内で必要なエネルギーを発生させ，二酸化炭素などの不要物を捨てている。

❶ 植物…酸素と光合成でできた栄養分を使い，エネルギーをつくる。

❷ 動物…酸素と食べ物に含まれる栄養分を使い，エネルギーをつくる。

③ 生物のからだのつくり

❶ 単細胞生物… 1 つの細胞だけでできている生物。

例アメーバ，ゾウリムシ，ミドリムシ，ケイソウ，ミカヅキモ

❷ 多細胞生物…複数の細胞でできている生物。

例サクラ，ウマ，クジラ，ヒトなど

運動のはたらき
水分の調整
核
口のはたらき
消化のはたらき
🔺ゾウリムシ

🔺サクラ

🔺ウ　マ

ここ重要

細胞が多数集まって組織をつくり，その組織が集まって器官をつくり，さらに器官が集まって生物のからだをつくっている。

これ　暗記

細胞も　養分を得て　**息を吸う**
　　　　　　　　　　　　呼吸

細胞内で酸素と養分により必要なエネルギーをとり出し，二酸化炭素を放出する。これを細胞の呼吸（または細胞呼吸，細胞による呼吸）という。

養分

part2 理科

14. 植物のからだのつくり

① 葉のつくり ★★★

❶ 葉脈には，サクラやタンポポなどに見られる網状脈と，ユリやササなど
に見られる平行脈がある。

網状脈　　　　　　　　　　　平行脈

例 アサガオ・サクラ・アブラナなど　　　例 ツユクサ・イネ・トウモロコシなど

❷ 葉の内部のつくり

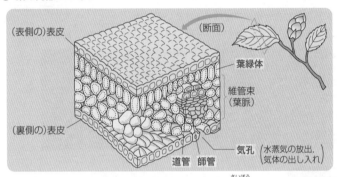

(表側の)表皮

(断面)

葉緑体

維管束
(葉脈)

(裏側の)表皮

気孔 (水蒸気の放出，気体の出し入れ)

道管　師管

　生物のからだを形づくる小さな箱のようなものを細胞といい，植物の葉の
細胞の中に多く見られる緑色の粒を葉緑体という。
　気孔は，根から吸い上げられた水を水蒸気として放出する。この現象を蒸
散という。また，酸素や二酸化炭素の出し入れもする。
　葉脈は，根から吸収された水や養分を運ぶ道管や，葉でつくられた栄養
分を運ぶ師管がある。これらの束状のものを維管束という。

ここ重要

維管束
- 道管(葉の表側) ➡ 根から吸収された水や養分の通り道。
- 師管(葉の裏側) ➡ 葉でつくられた栄養分の通り道。

得点 UP! ● 双子葉類の茎は維管束が輪状になっている。

● 単子葉類の茎は維管束が散在している。

② 茎のつくり ★★

❶ 双子葉類の茎…維管束が輪状に並ぶ。

▲双子葉類の茎

❷ 単子葉類の茎…維管束が茎全体に散在する。

▲単子葉類の茎

③ 根のつくり ★★

ともに，根の先端に細い根毛がある。

❶ 双子葉類の根
太い主根と
細い側根

❷ 単子葉類の根
たくさんの
細いひげ根

これ　暗記

維管束　**道管** ・ 師管を
　　　　水の通り道　栄養分の通り道

合わせもつ

維管束のつくりは道管と師管である。

part 1 社会
part 2 理科
part 3 数学
part 4 英語
part 5 国語

15. 光合成と呼吸

① 光合成の実験 ★★★

❶ 光のエネルギーによって，デンプンなどの栄養分をつくるはたらきを光合成という。

❷ 光合成は，葉などの細胞の中にある葉緑体で行われる。

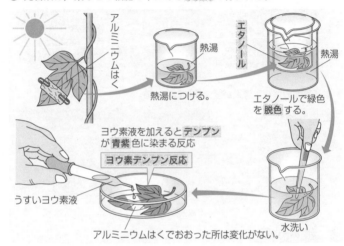

アルミニウムはく

熱湯

熱湯につける。

エタノール

熱湯

エタノールで緑色を脱色する。

ヨウ素液を加えるとデンプンが青紫色に染まる反応

ヨウ素デンプン反応

うすいヨウ素液

水洗い

アルミニウムはくでおおった所は変化がない。

② 光合成でできるもの，使われるもの ★★★

❶ 光合成で酸素ができる

酸素

盛んに泡が出る

火のついた線香を入れると炎を上げて燃える。

酸素

光

オオカナダモ

❷ 二酸化炭素が使われる

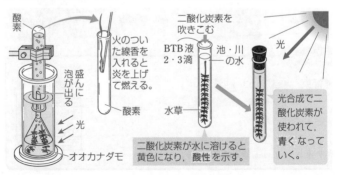

二酸化炭素を吹きこむ

BTB液2・3滴

池・川の水

水草

光

二酸化炭素が水に溶けると黄色になり，酸性を示す。

光合成で二酸化炭素が使われて，青くなっていく。

③ 光合成のしくみ ★★★

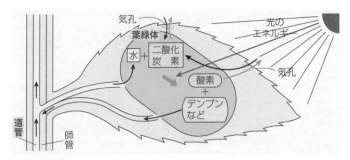

ここ注意！

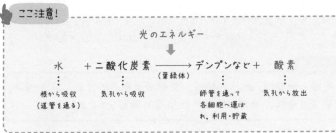

$$\underset{\substack{\vdots \\ \text{根から吸収} \\ （道管を通る）}}{\text{水}} + \underset{\substack{\vdots \\ \text{気孔から吸収}}}{\text{二酸化炭素}} \xrightarrow[（葉緑体）]{\text{光のエネルギー}} \underset{\substack{\vdots \\ \text{師管を通って} \\ \text{各細胞へ運ば} \\ \text{れ，利用・貯蔵}}}{\text{デンプンなど}} + \underset{\substack{\vdots \\ \text{気孔から放出}}}{\text{酸素}}$$

④ 植物の呼吸 ★

植物も呼吸をして，酸素をとり入れ，二酸化炭素を出している。植物の呼吸は昼夜を通して行われる。光があたる昼間は光合成も行われるので，呼吸よりも光合成により出入りする気体の量のほうが多い。

これ 暗記

水・ガスで 光を浴びて
水＋二酸化炭素(CO_2)　葉緑体で光エネルギーによる

デンプンづくり
デンプン＋酸素(O_2)

光合成 ⇨ 水 ＋ 二酸化炭素 $\xrightarrow{\text{光}}$ デンプンなど ＋ 酸素

part 1 社会
part 2 理科
part 3 数学
part 4 英語
part 5 国語

part2
理科
16. 消化と吸収

① ヒトの消化器官と肝臓（かんぞう）の役割 ★★★

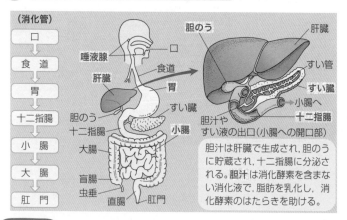

（消化管）

口 → 食道 → 胃 → 十二指腸 → 小腸 → 大腸 → 肛門

唾液腺　　口
肝臓　　食道
胆のう　　胃
十二指腸　すい臓
大腸　　小腸
盲腸
虫垂　　直腸　肛門

胆のう　肝臓
すい管
すい臓
小腸へ
胆汁や　十二指腸
すい液の出口（小腸への開口部）

胆汁は肝臓で生成され，胆のうに貯蔵され，十二指腸に分泌される。胆汁は消化酵素を含まない消化液で，脂肪を乳化し，消化酵素のはたらきを助ける。

ここ重要

肝臓の機能は，胆汁（たんじゅう）の生成，栄養分の合成や貯蔵，解毒（げどく）作用，尿素（にょうそ）の合成，血液の貯蔵や血糖量の調節などである。

② 食物の消化作用 ★★

消化器官		口	胃	十二指腸		小　腸	
消化液		唾液	胃液	胆汁	すい液		
炭水化物	デンプン	アミラーゼ→麦芽糖			マルターゼ→ブドウ糖		柔毛の毛細血管に入る
	ショ糖					インベルターゼ→ブドウ糖＋果糖	
	乳糖					ラクターゼ→ブドウ糖＋ガラクトース	
タンパク質	タンパク質		ペプシン→ペプトン→		トリプシン→ポリペプチド→	ペプチターゼ→アミノ酸→	
脂肪	脂肪			（胆汁）→	リバーゼ→脂肪酸→モノグリセリド→		柔毛のリンパ管に入る→脂肪

③ 栄養分の吸収とその流れ ★★

　タンパク質，炭水化物，脂肪などの栄養分は，消化酵素の作用によって消化され，小腸の柔毛より吸収される。また，食物に含まれていた水分は，主に小腸から吸収されるが，一部は大腸から吸収される。

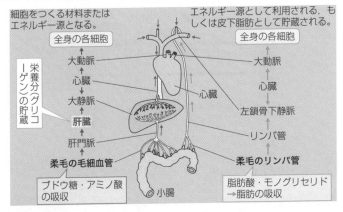

細胞をつくる材料またはエネルギー源となる。

全身の各細胞
大動脈
心臓
大静脈
肝臓
肝門脈
柔毛の毛細血管
ブドウ糖・アミノ酸の吸収

栄養分（グリコーゲン）の貯蔵

エネルギー源として利用される，もしくは皮下脂肪として貯蔵される。

全身の各細胞
大動脈
心臓
左鎖骨下静脈
リンパ管
柔毛のリンパ管
脂肪酸・モノグリセリド
→脂肪の吸収

小腸

ここ注意！

ブドウ糖とアミノ酸は柔毛の毛細血管に入り，脂肪酸とモノグリセリドは再び脂肪となって柔毛のリンパ管に入る。

柔毛は，小腸の内側の壁にあるたくさんのひだの表面上の無数の小さな突起のことだよ。

これ 暗記

柔毛の **毛管**とりこみ **アミ・ブドウ**
毛細血管　　　　　　　アミノ酸・ブドウ糖

小腸　ブイーン　毛細血管

柔毛で吸収されたアミノ酸とブドウ糖は毛細血管に入り，脂肪酸とモノグリセリドは再び脂肪となってリンパ管に入る。

17. 呼吸とそのしくみ

① 呼吸とそのしくみ ★★

生命活動に必要な酸素と生成した二酸化炭素を，外界と生物体内との間でガス交換することを外呼吸といい，生物体内において，細胞と血液などとの間で行われるガス交換を細胞呼吸（細胞の呼吸）という。

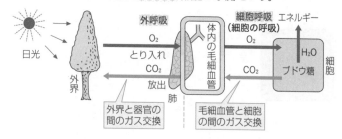

② ヒトの肺のつくり ★★

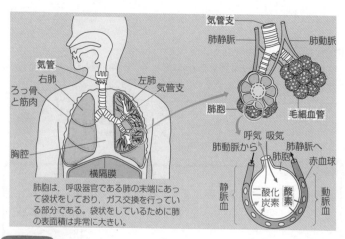

肺胞は，呼吸器官である肺の末端にあって袋状をしており，ガス交換を行っている部分である。袋状をしているために肺の表面積は非常に大きい。

ここ重要

酸素と二酸化炭素は，肺胞の毛細血管でやりとりされる。

③ セキツイ動物の呼吸器官 ★

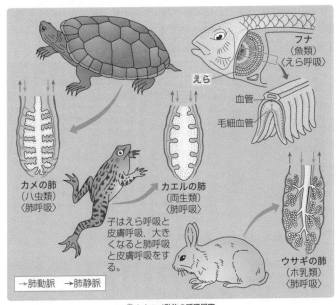

▲ セキツイ動物の呼吸器官

ここ注意！

セキツイ動物で、一生えら呼吸をするのは魚類だけである。

これ　暗記

<u>えら</u>い子の
えら呼吸

　　親は「<u>ハーイ</u>」と　<u>両手</u>上げ
　　　　肺呼吸　　　　　　両生類

両生類は皮膚呼吸のほか、子はえら呼吸、親は肺呼吸をする。

part 1 社会
part 2 理科
part 3 数学
part 4 英語
part 5 国語

18. 血液とその循環

1 血液の成分とそのはたらき ★★★

ヒトの血液は，赤血球，白血球，血小板の固体の成分からなる血球と，血しょうとよばれる液体の成分からできている。

❶ 血液の成分

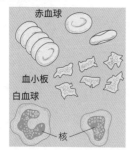

赤血球
血小板
白血球
核

❷ 血液のはたらき

成分の名称	はたらき	数〔個/ 1 mm³〕
赤血球	酸素の運搬	450万～500万
白血球	細菌などを食べる（食菌作用）	6000～8000
血小板	血液凝固に関係	20万～30万
血しょう	栄養分，二酸化炭素の運搬	─────

2 ヒトの心臓のつくり ★★★

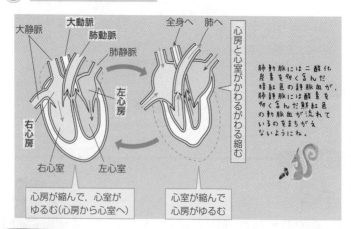

大静脈
大動脈
肺動脈
肺静脈
全身へ
肺へ
左心房
右心房
右心室
左心室

心房と心室がかわるがわる縮む

肺動脈には二酸化炭素を多く含んだ暗紅色の静脈血が，肺静脈には酸素を多く含んだ鮮紅色の動脈血が流れているのをまちがえないようにね。

心房が縮んで，心室がゆるむ（心房から心室へ）

心室が縮んで心房がゆるむ

ここ重要

血液を送り出すのが心室であり，血液が流れこむのが心房である。

③ 血液の循環（じゅんかん）★★★

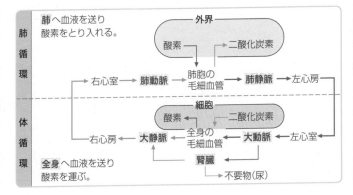

| 肺循環 | 肺へ血液を送り酸素をとり入れる。 |
| 体循環 | 全身へ血液を送り酸素を運ぶ。 |

外界
酸素 → 二酸化炭素
肺胞の毛細血管
→ 右心室 → **肺動脈** → 肺胞の毛細血管 → **肺静脈** → 左心房 →

細胞
酸素 ← 二酸化炭素
全身の毛細血管
→ 右心房 ← **大静脈** ← 全身の毛細血管 ← **大動脈** ← 左心室 ←
腎臓 → 不要物（尿）

④ 血管のつくり ★

動脈と静脈（じょうみゃく）では，動脈のほうが筋肉が発達している。

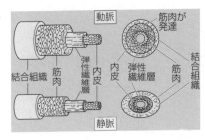

動脈
結合組織　筋肉　弾性繊維層　内皮
筋肉が発達
内皮　弾性繊維層　筋肉　結合組織
静脈

ここ重要

血流の弱い静脈には，ところどころに逆流を防ぐための弁がある。

これ　暗記

赤・**白**の　**板**を持ち上げ　**決勝**へ
赤血球　白血球　血小板　　　　　血しょう

けっしょう戦
赤組　白組

血液の成分には赤血球，白血球，血小板と血しょうの４つある。

19. 行動するためのしくみ

① ヒトの感覚器官 ★★

❶ 目のつくり…物体から届いた光をレンズにより屈折させて、網膜上に像を結ぶ。

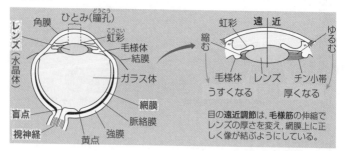

❷ 耳のつくり…空気の振動により、鼓膜を振動させ、耳小骨を通して振動をうずまき管に伝える。

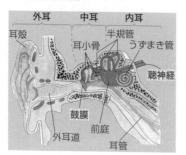

ここ重要

前庭は傾きの向きや大きさを、半規管は回転の方向や速さを感じる平衡感覚器官である。

② 中枢神経と末しょう神経 ★★

❶ 脳や脊髄は中枢神経とよばれ、そこから枝分かれして全身に広がる神経は末しょう神経とよばれる。

❷ 末しょう神経のうち、感覚器官からの信号を中枢神経に伝える神経を感覚神経といい、中枢神経からの信号を筋肉に伝える神経を運動神経という。

③ 刺激に反応するしくみ ★★★

熱いやかんにさわり思わず手を引っこめるというように，刺激に対して無意識に起こる反応を反射という。ひざの下を軽くたたくと足が跳ね上がるというのも反射の例である。

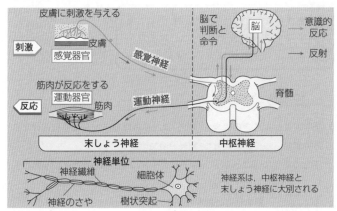

皮膚に刺激を与える
感覚器官　皮膚
刺激
感覚神経
筋肉が反応をする
運動器官　筋肉
反応
運動神経
脳で判断と命令
脳
意識的反応
反射
脊髄
末しょう神経　中枢神経
神経単位
神経繊維　細胞体
神経のさや　樹状突起
神経系は，中枢神経と末しょう神経に大別される

ここ注意!

刺激に対する反応には，脳が命令を出す意識的行動と，脊髄が命令を出す反射（無意識的行動）とがある。

反射は，危険から身をまもるのに役立っているよ。

これ 暗記

無意識は　命令脊髄　反射なり
無意識に起こる反応　脊髄が命令して

刺激→感覚器官→感覚神経→脊髄→運動神経→運動器官→反応

20. 圧力と大気圧

1 面をおすはたらき ★

おす力が大きいほど，へこみは深く（図A），
おす面積が小さいほど，へこみは深い（図B）。

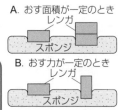

A. おす面積が一定のとき
B. おす力が一定のとき

ここ重要

> 面をおすはたらきは，同じ面積では，面
> をおす力が大きいほど大きい。おす力が
> 同じとき，おす面積が小さいほど大きい。

2 圧力 ★★★

❶ 面をおすはたらきの大きさ（圧力）は，単位面積あたりに垂直にはたらく
力で表す。単位はパスカル（記号 Pa）で表す。
圧力の単位にはニュートン毎平方メートル（記号 N/m²）という単位もあ
り，1 Pa＝1 N/m² である。

❷ 圧力（Pa）＝ $\dfrac{\text{面を垂直におす力（N）}}{\text{力がはたらく面積（m}^2）}$

同じ重さの物体でも，下にする面によって圧力も変化する。

図のような物体のAを下にして置いたとき
の圧力 P_A がいちばん大きく，Cを下にし
たときの圧力 P_C がいちばん小さくなる。

その大きさの比は，AとCの面積から，

$$P_A : P_C = \frac{1}{4 \times 2} : \frac{1}{4 \times 6} = 3 : 1$$

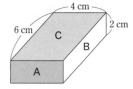

Aを下にしたときの圧力はCを下にしたときの圧力の3倍になる。

日常生活の中でも，圧力による現象がみられる。例えば，雪の上で長ぐつ
をはいたときは雪の中に沈むが，スキーやスノーボードの板では雪に沈み
にくい。これは雪に接している面積の違いにより，圧力が変わるからである。

ここ注意！

1 m²＝10000 cm²，　1 Pa＝1 N/m²＝0.0001 N/cm²

● 圧力は単位面積あたり($1\,m^2$, $1\,cm^2$)に垂直におす力である。

③ 大気圧 ★★★

❶ 地球上の物体は，空気(大気)にはたらく重力による圧力を受けている。これを大気圧(気圧)という。

❷ 大気圧の基準となる圧力は 1 気圧である。底面 $1\,m^2$ の空気柱の質量は約 10130 kg なので，底面(地面)をおす力の大きさは101300 N となり，圧力は 101300 Pa。101300 Pa = 1013 hPa = 101300 N/m^2

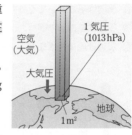

❸ 大気圧の大きさの単位はヘクトパスカル(記号 hPa)で，1 hPa = 100 Pa である。

ここ重要

1 気圧は 1013 hPa である。

1013 hPa(1 気圧) は $1\,m^2$ に 10130000 g = 10130 kg，すなわち，およそ10 t(トン)の質量の物体がのっているのと同じ大きさである。$1\,m^2$ = 10000 cm^2 だから，1 気圧(1013 hPa)は $1\,cm^2$ (ほぼ爪の面積)に約 1 kg の質量の物体がのっている計算になる。

$$\frac{10130\,kg}{10000\,cm^2} \Rightarrow およそ 1\,kg/cm^2$$

これ 暗記

おす力 面を垂直におす力(N)　**面で 割って** 力がはたらく面積 (m^2)　**圧力**に 圧力(Pa)

1人目より 2人目のほうがイタイ!

$$圧力 (\mathbf{Pa}) = \frac{面を垂直におす力 (\mathbf{N})}{力がはたらく面積 (\mathbf{m^2})}$$

part2 理科

21. 気象の観測と大気中の水蒸気

① 風の観測 ★

❶ 風向は風の吹いてくる方向で, 16方位で表す。

❷ 風速は風速計で調べ, m/s で表す。

❸ 風力は風の強さを 0 ~ 12 の 13 階級で表す。

▲風向風速計

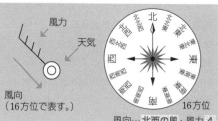

風向…北西の風・風力 4

16方位

ここ重要

> 風のようすは, 風向, 風速, 風力で示す。

② 空気中の水蒸気量と湿度 ★★★

❶ 飽和水蒸気量…1 m³ の空気中に含むことのできる水蒸気の最大量を飽和水蒸気量という。次の表のように気温が高くなると大きくなる。

気温〔℃〕	-10	-5	0	5	10	15	20	25	30	35
水蒸気量	2.4	3.4	4.8	6.8	9.4	12.8	17.3	23.1	30.4	39.6

▲1 m³ の空気中に含むことのできる最大の水蒸気量〔g〕

❷ 湿度…1 m³ の空気中に含まれている水蒸気量が, その気温での飽和水蒸気量の何%にあたるかを表す数値。空気 1 m³ 中の水蒸気量が同じでも, 気温の高低により湿度は変わる。

$$湿度〔\%〕 = \frac{空気 1\ m^3 中に含まれている水蒸気量〔g/m^3〕}{その気温での空気 1\ m^3 中の飽和水蒸気量〔g/m^3〕} \times 100$$

③ **飽和水蒸気量と露点** ★★

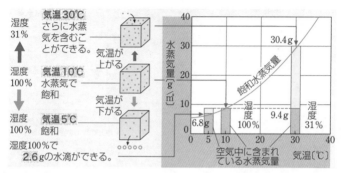

湿度31%
気温30℃
さらに水蒸気を含むことができる。

気温が上がる

湿度100%
気温10℃
水蒸気で飽和

気温が下がる

湿度100%
気温5℃
飽和

湿度100%で2.6gの水滴ができる。

空気中に含まれている水蒸気量

ここ注意!

水蒸気が飽和になり,凝結し始める温度を露点という。

④ **乾湿計の使い方** ★★

乾球と湿球の示度の差を求め,湿度表から湿度を求める。

例 乾球が20℃,湿球が15℃のとき,示度の差5℃より,湿度56%を求める。

乾球の示度(℃)	乾球と湿球の示度の差							
	0	1	2	3	4	5	6	……
22	100	91	82	74	66	58	50	……
21	100	91	82	73	65	57	49	……
20	100	91	81	73	64	56	48	……
19	100	90	81	72	63	54	46	……

▲湿度表

これ 暗記

含む水 ← 含まれる水蒸気量
<u>飽和で割ると</u> ÷飽和水蒸気量
湿度なり ×100%

$$湿度〔\%〕 = \frac{含まれている水蒸気量〔g/m^3〕}{その気温での飽和水蒸気量〔g/m^3〕} \times 100$$

part2 理科

22. 霧や雲のでき方

1 雲のでき方 ★★

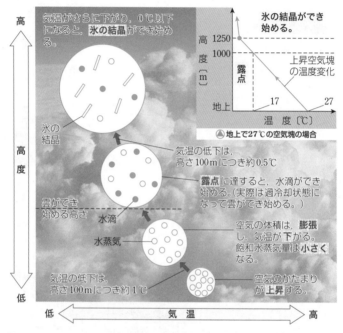

気温がさらに下がり，0℃以下になると，氷の結晶ができ始める。

氷の結晶

雲ができ始める高さ

水滴

水蒸気

気温の低下は，高さ100mにつき約1℃

空気のかたまりが上昇する。

空気の体積は，膨張し，気温が下がる。飽和水蒸気量は小さくなる。

露点に達すると，水滴ができ始める。（実際は過冷却状態になって雲ができ始める。）

気温の低下は，高さ100mにつき約0.5℃

高度 低 ＜ 気温 ＞ 高

グラフ：
縦軸 高度〔m〕　横軸 温度〔℃〕
氷の結晶ができ始める。
上昇空気塊の温度変化
1250　1000　露点
地上　17　27
▲地上で27℃の空気塊の場合

2 雲の発生を調べる実験 ★★

デジタル温度計　丸底フラスコ

凝結核を入れる

線香

雲の発生

少量の水

雲

①丸底フラスコに温度計と注射器をとりつけ，ピストンをおしたり引いたりして温度変化をみる。

②フラスコに少量の水と線香の煙を入れる（水と煙は，雲ができるための凝結核と水分）。

③注射器のピストンを急に引くと，温度が下がり，フラスコの中に雲が発生。

ここ重要

上昇した空気が，露点（ろてん）以下に達すると雲が発生する。

③ 上昇気流のでき方 ★

雲は，上昇気流が原因で発生する。

❶日射➡地面➡空気の上昇　❷山の斜面➡空気の上昇　❸

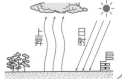

太陽の光により，地面が
あたためられる。

空気が山の斜面にぶつか
り上昇する。

あたたかい空気が，冷た
い空気とぶつかる。

④ 大気と水の循環 ★

地球表面の水は全体での増減は
なく，一定である。

海や湖，川，地面などから水が
蒸発して水蒸気になり，雨や雪と
なって，再び地上に降ってくる。

このように，大気の間を水は循
環している。これを水の循環とい
い，太陽のエネルギーによっても
たらされる。

陸上大気 3	気流40 →	海上大気 10	
降水 111 ↑	蒸発散71 ↑ 植生2	降水 385 ↓	蒸発 425 ↑
雪氷27,500			
地下水 8,200	地表水 285	河川ほか 40	海洋 1,348,850
□ 存在量(10^3km³)			
→ 移動量(10^3km³)			

▲水の循環

太陽のエネルギーによって，
地球の水は循環しているよ。

これ　暗記

クモの子は　**気流**に　のって
　雲　　　　　　上昇気流

う ぶ声あげ
　　発生

上昇気流によって雲は発生する。

月　日

23. 気圧と風

① 気圧と風の吹き方 ★★

❶ 風…大気は気圧の高い所から低い所に向かって動く。この大気の動きが風である。

❷ 風向…北半球の場合，風向は等圧線に直角な方向から右へずれる。

❸ 風力…等圧線の間隔が狭い所では風力は**大きく**，広い所では小さい。

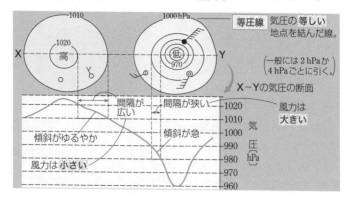

等圧線 気圧の等しい地点を結んだ線。

（一般には 2 hPa か 4 hPa ごとに引く。）

X−Yの気圧の断面

風力は **大きい**

② 太陽放射と大気の動き ★

❶ 太陽放射により地面があたためられ，地面からの熱で地表近くの大気があたためられる。大気は膨張して上昇する。

❷ このとき，上空の冷たい空気は下降する。

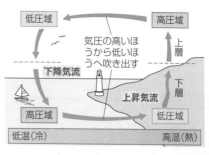

ここ注意！

地表付近で昼に海から陸に吹く風を海風という。夜に陸から海に吹く風を陸風という。

得点 UP! ● 気圧の高低と大気の動き（上下・水平）の関係を理解しよう。

part 1 社会
part 2 理科
part 3 数学
part 4 英語
part 5 国語

③ 高気圧，低気圧の風の吹き方 ★★★

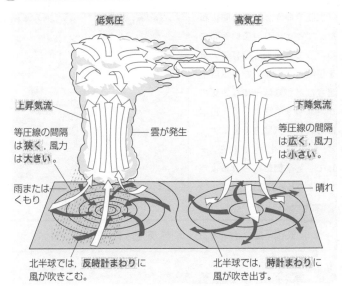

低気圧　　　　　　高気圧

上昇気流

等圧線の間隔
は狭く，風力
は大きい。

雨または
くもり

北半球では，反時計まわりに
風が吹きこむ。

下降気流

等圧線の間隔
は広く，風力
は小さい。

雲が発生

晴れ

北半球では，時計まわりに
風が吹き出す。

▲ 風の吹き方

ここ注意！

高気圧　下降気流で，雲を消滅させ，天気はよい。
低気圧　上昇気流で，雲を発生させ，天気は悪い。

これ　暗記

低気圧　上昇気流で **雲発生**
雲を発生させる

低気圧は上昇気流で，反時計まわり（左まわり）に風が吹きこむ。

24. 気団と前線

① 日本付近の主な気団 ★

　大陸や海洋上に長い間にわたってとどまり，広い範囲にわたってその地方特有の天気を持続させるような，温度や湿度などがほぼ一様な大気のかたまりを気団という。日本はこれらの気団の影響によって，四季の変化が生まれる。そして，各季節に見られるような特徴のある天気になる。

シベリア気団
乾燥
寒冷

冬

オホーツク海気団
湿潤
寒冷

梅雨期

日本海

太平洋

夏
梅雨期

小笠原気団
湿潤
温暖

ここ重要

▶ 海洋気団 ⇒ 湿っている。　▶ 大陸気団 ⇒ 乾燥している。

② 寒冷前線と天気 ★★★

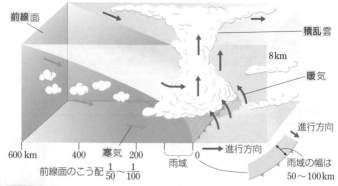

前線面

積乱雲

8km

暖気

進行方向

雨域の幅は
50〜100km

進行方向

雨域

600km　　400　　寒気　200　　0

前線面のこう配 $\frac{1}{50}$〜$\frac{1}{100}$

ここ重要

寒冷前線 ⇒ 寒気が暖気の下にもぐりこむ。

③ 温暖前線と天気 ★★★

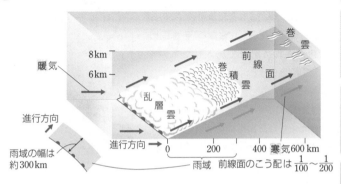

8km
6km
暖気
進行方向
雨域の幅は
約300km
巻雲
前線面
巻積雲
乱層雲
進行方向 → 0　200　400　寒気600km
雨域　前線面のこう配は $\frac{1}{100} \sim \frac{1}{200}$

一般に，寒冷前線は温暖前線よりはやく進むので，寒冷前線が温暖前線に追いつくと，閉塞前線ができるよ。

ここ重要

温暖前線⇒暖気が寒気の上へあがっていく。

④ 停滞前線と天気 ★★

寒気団と暖気団の勢力がほぼ等しい場合にはどちらへも動かず，同じ位置に停滞しがちになる。日本付近では，6月ごろの梅雨前線と9月ごろの秋雨前線がこれにあたり，長雨となる。停滞前線は東西方向に連なることが多く，前線の北側が雨域となる（北半球の場合）。

これ 暗記

寒冷は　激しい風雨　**積乱雲**
寒冷前線　　突風・雷雨　　垂直型の雲

みホ 雷雨だ！

積乱雲の発生，激しい雨，風向の変化（南より→北より）

25. 天気の変化

① 天気図と天気記号 ★★★

① 天気図…観測された気象要素(風向, 風力, 気圧, 気温, 雲量など)を地図上に約束された記号で記入したものを, 天気図という。

② 等圧線

　①1000 hPa を基準とする。

　②4 または 2 hPa 間隔で引く。

　③20 または 10 hPa ごとに太い線を引く。

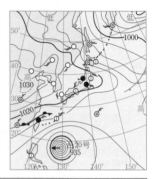

		◎	く も り
○	快　晴	⊗	雪
◑	晴　れ	●	雨

▲天気記号

寒　冷　前　線	▼▼▼
温　暖　前　線	●●●
停　滞　前　線	▲●▲●
閉　塞　前　線	▲●▲●

▲前線の記号

② 日本の春と秋の天気 ★★

移動性高気圧が西から東へ通過し, 4～7日周期で天気が変化する。

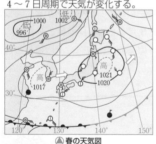

▲春の天気図

南の**小笠原**気団がおとろえ, 北の気団と停滞前線を形成。

▲秋の天気図

> ここ重要
>
> ▶春➡大陸からの移動性高気圧が通過する。
>
> ▶秋➡移動性高気圧が通過する。台風の到来もある。

③ 日本の夏と冬の天気 ★★

小笠原 気団が張り出し，南東の
季節風が吹く。

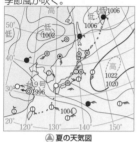

▲ 夏の天気図

シベリア 気団が発達し，北西の
季節風が吹く。

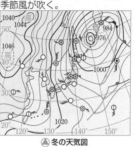

▲ 冬の天気図

夏と冬の
天気の特徴
をしっかり
とおさえてお
こう。

ここ重要

▶夏→南高北低の気圧配置，蒸し暑い晴れの日が続く。
▶冬→西高東低の気圧配置，太平洋側は乾燥した晴天になる。

④ 日本の天気の特徴 ★★

❶ 日本の上空を吹いている強い偏西風のため，温帯低気圧や移動性高気圧
は西から東へ移動する。このため，天気も西から東へ移り変わる。

❷ 8月～10月にかけて，強い風と大雨をもたらす台風がやってくる。

❸ 6月ごろ，日本付近でオホーツク海気団と小笠原気団がぶつかり合い，
停滞前線が発生し，くもりや雨の日が多くなる。この停滞前線を梅雨前
線という。

これ 暗記

雨マーク
テレビの天気予報

西から東へ　移動して
偏西風の影響

日本付近の天気は，西から東へ移り変わる。

part 1 社会
part 2 理科
part 3 数学
part 4 英語
part 5 国語

1. 多項式・単項式の計算

① 多項式の加法・減法 ★★

+（　）→ そのままかっこをはずす
−（　）→ 符号を変えてかっこをはずす

→ 同類項をまとめる

例 $(x^2 - x + 1) - (2x^2 - 5x - 3)$
$= x^2 - x + 1 - 2x^2 + 5x + 3$ ← かっこをはずす
$= x^2 - 2x^2 - x + 5x + 1 + 3$ ← 同類項をまとめる
$= -x^2 + 4x + 4$

② 単項式の乗法・除法 ★★

●乗法
係数の積
$2x \times 3y = 6xy$
文字の積

●除法 $a \div \dfrac{b}{2} = a \times \dfrac{2}{b} = \dfrac{2a}{b}$
逆数をかける

●乗除の混合算 $2x^2y \div xy \times 3y = 2x^2y \times \dfrac{1}{xy} \times 3y = 6xy$
除法を乗法になおす

③ 多項式と数の乗法・除法 ★★★

$a(b+c) = ab + ac$　　$(a+b) \div c = \dfrac{a}{c} + \dfrac{b}{c}$

分配法則でかっこをはずす！

例 $3(2x - y + 1) + 2(-x + 3y - 2)$
$= 6x - 3y + 3 - 2x + 6y - 4 = 4x + 3y - 1$

2. 式の計算

1　式の値の求め方 ★★★

| 式を簡単にする | → | 文字に数を代入する | → | 式を計算して値を求める |

例 $a=3$, $b=-2$ のとき, $2(2a-b)-3(a-3b)$ の値を求めなさい。

$\rightarrow \underbrace{2(2a-b)-3(a-3b)=4a-2b-3a+9b}_{\text{式を簡単にする}} = \underset{\text{数を代入する}}{a+7b} = 3+7\times(-2)$

$=-11$

2　式による説明 ★★

問 偶数と奇数の和は奇数になるわけを, 文字を使って説明しなさい。

解 m, n を整数とすると, 偶数は $2m$, 奇数は $2n+1$ と表される。したがって, それらの和は,

$2m+(2n+1)=2m+2n+1=2(m+n)+1$

$m+n$ は整数なので, $2(m+n)+1$ は奇数である。

したがって, 偶数と奇数の和は奇数になる。

3　等式の変形 ★★

$\ell=2(a+b)$ を a について解く。

$a=\boxed{}$ の形に変形する

$\ell=2(a+b)$

$2(a+b)=\ell$ ← 左辺と右辺を入れかえる

$a+b=\dfrac{\ell}{2}$ ← 両辺を2でわる

$a=\dfrac{\ell}{2}-b$ ← $+b$ を移項する

符号に注意！

3. 連立方程式（1）

1 加減法 ★★★

問 連立方程式 $\begin{cases} 3x+2y=15 \\ 4x-3y=3 \end{cases}$ を解きなさい。

解

$$\begin{cases} 3x+2y=15 & \cdots\cdots① \\ 4x-3y=3 & \cdots\cdots② \end{cases}$$

y の係数の絶対値をそろえる

$$\begin{array}{r} ①×3 \qquad 9x+6y=45 \\ ②×2 \quad +)\ 8x-6y=\ 6 \\ \hline 17x\qquad\ =51 \end{array}$$

左辺どうし，右辺どうしを加えて，y を消去する

$$x\ \ =3$$

$x=3$ を①に代入すると

$$3×3+2y=15$$
$$2y=15-9$$
$$y=3$$

（答え）$x=3$，$y=3$

2 代入法 ★★

問 連立方程式 $\begin{cases} x=5-y \\ 3x-2y=5 \end{cases}$ を解きなさい。

解

$$\begin{cases} x=5-y & \cdots\cdots① \\ 3x-2y=5 & \cdots\cdots② \end{cases}$$

①を②に代入すると

$$3(5-y)-2y=5$$
$$15-3y-2y=5$$
$$-5y=-10$$
$$y=2$$

文字を減らすんだね

$y=2$ を①に代入すると

$$x=5-2=3$$

（答え）$x=3$，$y=2$

4. 連立方程式 (2)

① いろいろな連立方程式 ★★★

● かっこをふくむ → 分配法則を利用してかっこをはずす。

● 係数に小数をふくむ → 両辺に10，100，…をかける。

● 係数に分数をふくむ → 両辺に分母の公倍数をかける。
（分母をはらう）

● $A=B=C$ の形の連立方程式 → 次のどれかの組み合わせをつくって解く。

$$\begin{cases} A=B \\ A=C \end{cases} \qquad \begin{cases} A=B \\ B=C \end{cases} \qquad \begin{cases} A=C \\ B=C \end{cases}$$

簡単な組み合わせをさがす

例 $3x-2y=-x+8y=11$ → $\begin{cases} 3x-2y=11 & \cdots\cdots① \\ -x+8y=11 & \cdots\cdots② \end{cases}$ を解く。

①+②×3 より，$22y=44$　$y=2$

$y=2$ を①に代入して，$x=5$　　　　　　　　（答え）$x=5$，$y=2$

② 連立方程式の利用でよく使う公式 ★★

● 代金＝単価×個数　　　　　● 距離＝速さ×時間

● $1\%=\dfrac{1}{100}$，$1割=\dfrac{1}{10}$

● 食塩の重さ＝食塩水の重さ×$\dfrac{濃度（\%）}{100}$

例 4%の食塩水 xgと10%の食塩水 ygを混ぜて，8%の食塩水を450gつくるとき，x，y の値を求めなさい。

→ $\begin{cases} x+y=450 & \cdots\cdots① \\ \dfrac{4}{100}x+\dfrac{10}{100}y=450\times\dfrac{8}{100} & \cdots\cdots② \end{cases}$

①×10－②×100 より，$6x=900$　$x=150$

$x=150$ を①に代入して，$y=300$　　　（答え）$x=150$，$y=300$

5. 1次関数とそのグラフ

① 1次関数と変化の割合 ★★★

1次関数 $y=ax+b$ （a, b は定数） において，

└ 定数の部分

└ x に比例する部分

変化の割合 $= \dfrac{y の増加量}{x の増加量} = a$

変化の割合は
一定だね

例 ① $y=-3x+2$ は，$a=-3$，$b=2$ の1次関数で，

x に比例する部分 → $-3x$　　定数の部分 → 2

② $y=\underline{5x}$ は，$a=5$，$b=0$ の1次関数で，

└ $5x+0$ と考える

x に比例する部分 → $5x$　　定数の部分 → 0

③ 1次関数 $y=-2x+1$ の変化の割合は -2

② 1次関数のグラフ ★★★

1次関数 $y=ax+b$ のグラフは，
傾きが a，切片が b の直線

$(0,b)$ と $(1,a+b)$
を通る直線

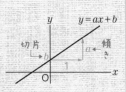

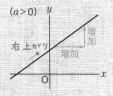

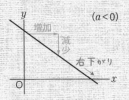

ここ重要

比例 $y=ax$ は，$b=0$ の1次関数である。

6. 直線の式の求め方

① 傾きと1点の座標がわかっているとき ★★

$y=ax+b$ の a に傾きを代入 → $y=ax+b$ の x と y に，通る点の座標を代入 → 切片 b の値を求める

例 傾き2で点(2, 7)を通る直線の式を求めなさい。

→求める式を $y=2x+b$ とする。

(2, 7)を通るので，$x=2$，$y=7$ を代入して，$7=4+b$　$b=3$

よって，$y=2x+3$

② 2点の座標がわかっているとき ★★

㋐ 傾き＝$\dfrac{y\text{の増加量}}{x\text{の増加量}}$ を求める → 1点の座標を代入 → b の値を求める

㋑ 2点の座標を代入 → 連立方程式を解く → a と b の値を求める

例 2点(1, 5)，(3, 11)を通る直線の式を求めなさい。

→ ㋐ 直線の傾きは，

$\dfrac{11-5}{3-1}=\dfrac{6}{2}=3$

求める式を $y=3x+b$ とする。

(1, 5)を代入すると，

$5=3+b$　$b=2$

よって，$y=3x+2$

→ ㋑ 求める式を $y=ax+b$ とする。

(1, 5)，(3, 11)をそれぞれ代入すると，

$\begin{cases} 5=a+b \\ 11=3a+b \end{cases}$

$a=3$，$b=2$

よって，$y=3x+2$

7. 1次関数と方程式

① 2元1次方程式のグラフ ★

 $ax+by=c$
$(a \neq 0,\ b \neq 0)$
のグラフ

$\rightarrow$
y について
解く
$\rightarrow$

 $y=-\dfrac{a}{b}x+\dfrac{c}{b}$
のグラフと同じ

例 $3x+2y=6$ のグラフは，1次関数 $y=-\dfrac{3}{2}x+3$ のグラフと同じ。

② 軸に平行な直線 ★

❶ $x=k$ のグラフ

点 $(k,\ 0)$ を通り，y 軸に平行な直線

❷ $y=\ell$ のグラフ

点 $(0,\ \ell)$ を通り，x 軸に平行な直線

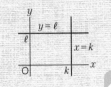

例 ① $x=2$ のグラフは，点 $(2,\ 0)$ を通り，y 軸に平行な直線。

　　② $y=-1$ のグラフは，点 $(0,\ -1)$ を通り，x 軸に平行な直線。

③ 連立方程式の解とグラフ ★★★

 $\begin{cases} ax+by=c \cdots ① \\ a'x+b'y=c' \cdots ② \end{cases}$
の解 $x=p,\ y=q$

$\rightarrow$

①，②のグラフ
の交点の座標は
$(p,\ q)$

例 2直線 $y=2x+1 \cdots ①$，$y=-x+4 \cdots ②$ の交点の座標を求めなさい。

　→①を②に代入して，$2x+1=-x+4$　$x=1$

　　$x=1$ を①に代入して，$y=2+1=3$

　　よって，$(1,\ 3)$

8. 角

① 対頂角, 同位角, 錯角 ★★

右の図で,
- **対頂角** → ∠aと∠c, ∠bと∠d, ∠eと∠g, ∠fと∠h
- **同位角** → ∠aと∠e, ∠bと∠f, ∠cと∠g, ∠dと∠h
- **錯角** → ∠cと∠e, ∠dと∠f

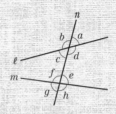

ここ重要

対頂角は等しい。

② 平行線と角 ★★★

右の図で,
- ℓ∥m ならば, $\begin{cases}∠a=∠c\\∠b=∠c\end{cases}$
- ∠a=∠c ならば, ℓ∥m
- ∠b=∠c ならば, ℓ∥m

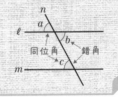

③ 三角形の内角・外角の性質 ★★★

❶三角形の3つの内角の和は180°
❷三角形の1つの外角は, そのとなりにない2つの内角の和に等しい。

④ 多角形の内角の和, 外角の和 ★★

n角形の内角の和=180°×(n−2)
多角形の外角の和=360°

7-8 | 101

9. 合同条件と証明

1 三角形の合同条件 ★★★

❶3組の辺がそれぞれ等しい。

❷2組の辺とその間の角がそれ
ぞれ等しい。

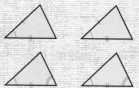

❸1組の辺とその両端(りょうたん)の角がそ
れぞれ等しい。

2 合同条件と証明 ★★

問 右の図でABとCDの交点をOとするとき，
AO＝BO，CO＝DO ならば，AC＝BD
　　　（仮定）　　（結論）
であることを証明しなさい。

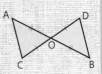

解 △AOCと△BODにおいて，

根拠となることがら

AO＝BO ……①

CO＝DO ……② ←── 仮定

対頂角は等しいから， ←── 対頂角の性質

∠AOC＝∠BOD ……③

①，②，③より，

2組の辺とその間の角がそれぞれ ←── 三角形の合同条件
等しいから，

△AOC≡△BOD

対応する辺の長さは等しいから， ←── 合同な図形の性質

AC＝BD

月 日

10. 三角形

1 二等辺三角形 ★★★

2辺が等しい三角形（定義）

❶2つの底角は等しい。

❷頂角の二等分線は，底辺を
垂直に2等分する。 ｝（性質）

2 二等辺三角形と証明 ★★

問 右の図は，長方形ABCDを，PQを折
り目として折ったものである。点Aが
移った点をEとし，PEとBCの交点を
Rとするとき，△PQRは二等辺三角
形になることを証明しなさい。

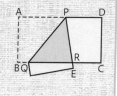

解 折り返した角だから，∠RPQ＝∠APQ ……①

AP∥BR より，錯角は等しいから，

∠APQ＝∠RQP ……②

①，②より，∠RPQ＝∠RQP

2つの角が等しいから，△PQRは二等辺三角形である。

└─ 二等辺三角形になるための条件

3 直角三角形の合同条件 ★★

❶斜辺と1つの鋭角がそれぞれ等しい。 斜辺

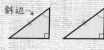

❷斜辺と他の1辺がそれぞれ等しい。

数学

11. 平行四辺形（1）

① 平行四辺形 ★★★

2組の対辺がそれぞれ平行な四角形（定義）

❶2組の対辺はそれぞれ等しい。

❷2組の対角はそれぞれ等しい。　（性質）

❸対角線はそれぞれの**中点**で交わる。

❶　　　　　❷　　　　　❸

例 次の平行四辺形で，x，y の値をそれぞれ求めなさい。

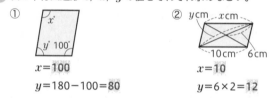

①

$x=$**100**

$y=180-100=$**80**

② y cm　x cm

10cm　6cm

$x=$**10**

$y=6×2=$**12**

② 平行四辺形と証明 ★★

問 右の図のように，平行四辺形ABCDの
頂点B，DからACに垂線をひき，AC
との交点をそれぞれE，Fとすると，
BE=DF となることを証明しなさい。

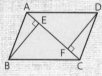

解 △ABEと△CDFにおいて，

仮定より，∠AEB=∠CFD=90° ……①

平行四辺形の対辺は等しいから，AB=CD ……②

AB//DC より，錯角は等しいから，∠EAB=∠FCD ……③

①，②，③より，直角三角形で，斜辺と1つの鋭角がそれぞれ
等しいから，△ABE≡△CDF

対応する辺の長さは等しいから，BE=DF

12. 平行四辺形 (2)

1 平行四辺形になるための条件 ★★

❶2組の対辺がそれぞれ平行である。

❷2組の対辺がそれぞれ等しい。

❸2組の対角がそれぞれ等しい。

❹対角線がそれぞれの中点で交わる。

❺1組の対辺が平行でその長さが等しい。

> どれか1つでも
> 成り立てばよい

2 長方形・ひし形・正方形 ★★

	定義	対角線の性質	
長方形	4つの角が等しい四角形	長さが等しい	
ひし形	4つの辺が等しい四角形	垂直に交わる	
正方形	4つの角が等しく4つの辺が等しい四角形	長さが等しく垂直に交わる	

[ここ重要]

長方形・ひし形・正方形はすべて，平行四辺形の性質をもっている。

3 平行線と面積 ★★★

右の図で，

●AA´ //BC ならば，△ABC=△A´BC

●△ABC=△A´BC ならば，AA´ //BC

面積が等しい

13. 確 率

① 確率 ★★★

どの場合が起こることも同様に確からしいとき,

$$\begin{pmatrix} \text{ことがらAの} \\ \text{起こる確率}\ p \end{pmatrix} = \frac{\text{ことがらAの起こる場合の数} \overbrace{}^{a\ \text{通り}}}{\underbrace{\text{起こりうるすべての場合の数}}_{n\ \text{通り}}} \rightarrow \boxed{p = \frac{a}{n}}$$

② 確率の性質 ★★

ことがらAの起こる確率を p とすると,

❶ p の範囲は $0 \leq p \leq 1$

❷ Aが必ず起こるとき, $p = 1$

❸ Aが決して起こらないとき, $p = 0$

❹ Aが起こらない確率は $1 - p$

確率は, 0から1まで
の間の値だね

例 くじを何回かひくとき, 少なくとも1回当たる確率は,

1−(全部はずれる確率)となる。

③ 樹形図を使った確率の求め方 ★★★

問 3枚のコインA, B, Cを同時に投げるとき, 1枚だけ表が出る
確率を求めなさい。

解 表を〇, 裏を×として樹形図をか
く。すべての場合は8通りあり,
1枚だけ表が出る場合は3通りあ
るから, 求める確率は, $\frac{3}{8}$

ここ注意!

場合の数は, もれや重なりのないように数えよう。

14. 四分位数と箱ひげ図

① 四分位数と四分位範囲 ★★

●四分位数…データを小さい順に並べたとき，前半部分の中央値を第1四分位数，データ全体の中央値を第2四分位数，後半部分の中央値を第3四分位数という。

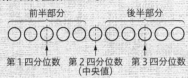

前半部分　　　　　　後半部分

第1四分位数　第2四分位数　第3四分位数
　　　　　　　（中央値）

●四分位範囲…第3四分位数－第1四分位数

例 次のデータはある10このデータを小さい順に並べたものである。
このデータの四分位数と四分位範囲を求めなさい。

12, 13, 14, 14, 15, 16, 16, 19, 19, 22

第1四分位数は14,
第2四分位数は$(15+16)÷2=15.5$
第3四分位数は19
四分位範囲は，$19-14=5$

> 第2四分位数は5番目と6番目の平均値を求める。

② 箱ひげ図 ★★

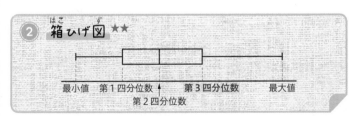

最小値　第1四分位数 ↑　第3四分位数　　最大値
　　　　　　　第2四分位数

例 ①の例のデータを箱ひげ図に表すと，

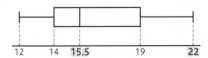

12　　14　15.5　　　　19　　　22

part4 英語

1. 動詞の過去形・過去進行形

1 be動詞の過去形★★★

Were you in Canada last summer? —Yes, I was.
（あなたは昨年の夏カナダにいましたか。）　（はい、いました。）

現在の文 He is free now.　**過去の文** He **was** free yesterday.

疑問文 **Were** you free yesterday?
Yes, I **was**. / No, I **wasn't**.

was not の短縮形

be 動詞の過去形

	現在形	過去形
be 動詞	is, am	**was**
	are	**were**

否定文 I **wasn't** free yesterday.

 確認① 次の（　）内の語を正しい形にかえなさい。

❶ My father (is) very busy last month.
❷ (Are) they at home yesterday? —No, they (aren't).

2 一般動詞の過去形（1）：規則動詞★★★

I practiced the piano last Sunday.
（私はこの前の日曜日にピアノを練習しました。）

現在の文 I watch TV every day.　**過去の文** I watched TV yesterday.

-ed の つけ方	ふつうの語	wash → **washed**
	-e で終わる語	live → **lived**
	〈子音字＋y〉で終わる語	study → **studied**
	〈短母音＋子音字〉で終わる語	drop → **dropped**
-ed の 発音	[d] …有声音（[d]以外）で終わる語	opened, loved
	[t] …無声音（[t]以外）で終わる語	stopped, watched
	[id] …[t] [d]の音で終わる語	wanted, needed

 確認② 次の下線部の発音を⑦[d]，⑦[t]，⑦[id]で答えなさい。

❶ I played the piano this morning and helped my mother in the afternoon.
❷ I visited London last year and studied English there.

 解答 ❶ ❶ was ❷ Were, weren't
❷ ❶ ⑦, ⑦ ❷ ⑦, ⑦

③ 一般動詞の過去形 (2)：不規則動詞 ★★★

I **went** to the library yesterday.
（私は昨日図書館に行きました。）

現在形	come	go	see	write	give	take	read	cut	have, has
過去形	**came**	**went**	**saw**	**wrote**	**gave**	**took**	**read**	**cut**	**had**

> 過去の疑問文・否定文では did を使う。動詞は原形。 　　発音は [red]

| 過去の疑問文 | You went to Canada.
 Did you **go** to Canada ? | 過去の否定文 | I 　　　 wrote a letter.
 I **didn't write** a letter. |

ここ確認③ 次の（ ）内の語を正しい形にかえなさい。

❶ I (take) a picture yesterday.

❷ Did you (saw) our teacher here ? —No, I (don't).

④ 過去進行形 was〔were〕〜ing の文 ★★

They **were playing** baseball then.
（彼らはそのとき野球をしていました。）

| 現在進行形 | She is 　　　 cooking now. |

> be 動詞を過去形に

過去進行形	She **was** cooking then. —	過去の一時点を表す then
疑問文	**Was** she cooking then ? —Yes, she **was**. / No, she **wasn't**.
否定文	She **wasn't** cooking then.
疑問詞を使った疑問文	What **were** you doing then ? —I **was** jogging.

ここ確認④ 次の（ ）に適する語を入れなさい。

❶ (　　) you studying then ? —No, I wasn't.

❷ (　　) was eating here at that time ? —Jane was.

解答 ③ ❶ took ❷ see, didn't
　　　 ④ ❶ Were ❷ Who

part4
英語

2. 未来表現・命令文

---

1 be going to 〜の文 ★★★

I am going to go shopping next Saturday.
（私は今度の土曜日に買い物に行くつもりです。）

〈be 動詞＋**going to**＋動詞の原形〉「〜するつもりだ」で，予定や未来のことを表す。

肯定文	I **am going to** visit Kyoto.

「〜するつもりだ」　　動詞の原形

疑問文	**Are** you **going to** watch TV ?
否定文	He **isn't going to** study math.

あらかじめ決めてある
予定や計画などを表すよ。

ココ確認①　次の文を be going to を使った予定の文に書きかえなさい。

❶ She visited Kobe. → She (　　　) (　　　) to (　　　) Kobe this summer.

❷ They practice every day. → They (　　　) (　　　) to (　　　) next Sunday.

---

2 will 〜の文 ★★★

I will go to the library after school.
（放課後は図書館に行くことにします。）

未来を表す**助動詞**の will は，〈**will**＋動詞の原形〉で「〜（することに）しよう」という**未来のこと**や，「〜（する）でしょう」という**未来の予測**を表す。

肯定文	I **will** meet him next Sunday.　It **will** be rainy tomorrow.

「〜することにしよう」　動詞の原形　「〜でしょう」

疑問文	**Will** it be rainy tomorrow ?　— Yes, it **will**. / No, it **will** not(**won't**).
否定文	It **will** not(**won't**) be rainy tomorrow.

その場で思いついた
未来のことや意志，
予測を表すよ。

ココ確認②　次の(　　)に適する語を入れなさい。

❶ I (　　　) (　　　) to bed early. （早く寝ることにしよう。）

❷ It (　　　) (　　　) cold tonight. （今晩は寒くなるでしょう。）

解答　① ❶ is, going, visit　❷ are, going, practice
　　　② ❶ will, go　❷ will, be

得点 UP! ●be 動詞を用いた命令文は〈Be＋形容詞（名詞）〜.〉の語順。

③ 命令文 ★★

Sit down. **Don't walk** around here.
（座りなさい。）　（このあたりを歩きまわってはいけません。）

命令文	動詞の原形で始める「〜しなさい」	**Open** the window. 動詞の原形 （主語は省略）
ていねいな命令文	**please**をつける「〜してください」	**Please** close the door. Close the door, **please**.
禁止する文	**Don't**で始める「〜してはいけない」	**Don't** stand up. 動詞の原形

ここ確認③ 次の( )に適する語を入れなさい。
❶ ( ) up, ( ). （どうぞ，お立ちください。）
❷ ( ) ( ) this dictionary. （この辞書を使ってはいけません。）

④ be 動詞で始まる命令文 ★★★

Be quiet, Jack. **Don't be noisy.**
（静かにして，ジャック。）（うるさくしてはいけません。）

ふつうの文 You are kind to your friends.
　　　　　　　am, is, are の原形は be
命令文 　 **Be** kind to your friends. （友達に親切にしなさい。）
（主語）　〈Don't be 〜.〉
禁止する文 **Don't** be late for school. （学校に遅れてはいけません。）

ここ確認④ 次の( )内から正しい語(句)を選びなさい。
❶ (Do, Be) a good boy, Ken. （いい子でいなさい，ケン。）
❷ (Please don't, Don't please) be noisy. （うるさくしないでください。）

解答　③ ❶ Stand, please　❷ Don't, use
　　　④ ❶ Be　❷ Please don't

3. 名詞・代名詞・冠詞

① 名詞の種類 ★★

My father drinks two cups of <u>coffee</u> every morning.
（父は毎朝コーヒーを2杯飲みます。）

数えられる名詞	普通名詞	boy (boys)
	集合名詞	family (families)
数えられない名詞	物質名詞	water, milk, snow
	抽象名詞	peace, love, time
	固有名詞	Mary, Japan

物質名詞の数え方
a cup of tea
a glass of water
a bottle of milk
a piece of paper

 確認① 次の（　）内から正しい語（句）を選びなさい。

❶ We have a lot of (homework, homeworks) this weekend.

❷ I bought two (bottles of waters, bottles of water, bottle of waters).

② 代名詞（1）：再帰代名詞 ★★

He introduced <u>himself</u> to his new team.
（彼は自分の新しいチームに自己紹介しました。）

人称代名詞	再帰代名詞	人称代名詞	再帰代名詞
I	myself	it	itself
you	yourself	we	ourselves
he	himself	you (複数)	yourselves
she	herself	they	themselves

「（主語）自身を〔に〕」や「自分自身で」の意味で用いる。

慣用表現 ・enjoy ~**self**（楽しく過ごす）
　　　　・by ~**self**（独力で，ひとりで）
　　　　・Help **yourself** to ~ .（~をご自由にお取りください。）

 確認② 次の（　）に適する再帰代名詞を入れなさい。

Help (　　) to the cookies. I made them all by (　　).

 解答
　❶ ❶ **homework** ❷ **bottles of water**
　❷ **yourself, myself**

得点UP! ● 物質名詞，抽象名詞，固有名詞は常に単数扱い。

part
1
社会

part
2
理科

part
3
数学

part
4
英語

part
5
国語

③ 代名詞 (2)★★

You have a nice guitar. I want one too.
（あなたはすてきなギターを持っていますね。私も1つほしいです。）

one	前に出た名詞と同じ種類のもの〔人〕をさす。⇨ 上の例文
another	「別の〔もう一つの〕もの〔人〕」Show me **another**.
other(s)	「ほかのもの〔人〕」Some liked mine, but **others** didn't.
itの用法	①天候・気候 It is rainy. ②距離 It is ~ miles. ③時間 It is ten o'clock. ④明暗 It is getting dark.

ここ確認③ 次の（　）内から正しい語を選びなさい。

❶ This bag is too old. I want a new (it, one).
❷ I don't like this shirt. Show me (other, another).

④ 冠 詞★★★

I saw a movie yesterday. The movie was interesting.
（私は昨日映画を見ました。）（その映画はおもしろかったです。）

a(an)の用法 ① 数えられる名詞の単数形の前につける。「1つの」←上の例文
② 「~につき」→ two times **an** hour
③ 「（一例を総称的に）~というもの」→ **A** baby needs love.
theの用法(1) 前に出た名詞をくり返す場合　←上の例文

theの用法(2) ① 何をさすかわかるとき → at **the** shop
② 序数，最上級(→p.131)などの前 → **the** first day
③ 楽器の前 → play **the** piano　④ 1つしかないもの → **the** sun
⑤ 固有名詞 → **the** U.K.　⑥ ~年代 → in **the** 2020s

ここ確認④ 次の（　）に適する冠詞を入れなさい。

❶ I like (　　) food in that restaurant.
❷ She plays (　　) violin three days (　　) week.

- -

 解答　③ ❶ one　❷ another
　④ ❶ the　❷ the, a

4. 形容詞・副詞

1 形容詞の用法 (1)★★

There is something <u>wrong</u> with this <u>old</u> car.
（この古い車はどこかおかしい。）

① 名詞の前に置いて，名詞を修飾。 a **kind** girl（親切な少女）
② something, anything など -thing がつく**代名詞**は，後ろに形容詞を置く。
I want something **cold**.（何か冷たいものがほしい。）
③ 動詞のあとに置いて，主語を説明。 — 動詞は be 動詞，look など
She is **kind**.　　He looks **young**.
（彼女は親切だ。）（彼は若く見える。）

ここ確認① 次の（　）の日本語を指定された語数の英語にしなさい。

❶ I bought three ＿＿＿＿＿＿＿＿＿＿＿.　（新しいシャツ：2語）
❷ Was there ＿＿＿＿＿＿＿＿＿＿＿＿＿?　（何かおもしろいこと：2語）

2 形容詞の用法 (2)：数と量を表す形容詞★★

We stayed in Sendai for <u>a few</u> days, but had <u>little</u> free time.
（私たちは仙台に数日滞在したが，自由な時間はほとんどなかった。）

	多くの〜	少しの〜	ほとんど〜ない
数えられる名詞	many, a lot of	a few	few
数えられない名詞	much, a lot of	a little	little

〈no＋名詞〉は「ひとつの〔少しの〕〜もない」　　a few, few のあとは複数形

I have **no** comics.（マンガ本を1冊も持っていない。）
There is **no** time.（時間がまったくない。）

ここ確認② 次の（　）内から正しい語（句）を選びなさい。

名詞が数えられるかどうかを考えよう。

❶ Taro has (a few, a little) English books.
❷ We didn't have (many, much) rain this month.

解答 ① ❶ **new shirts**　❷ **anything interesting**
② ❶ **a few**　❷ **much**

part 1 社会
part 2 理科
part 3 数学
part 4 英語
part 5 国語

③ 副詞の用法 (1)★★

Ken doesn't like dogs.   He doesn't like cats, either .
（ケンはイヌが好きではない。）　（彼はネコも好きではない。）

副詞は動詞，形容詞，副詞を修飾する。

He plays the guitar **very well**.　　I'm **so** happy.
　　動詞↑　　　　　　↑副詞　　　　 ↑形容詞

either 否定文の文末に置いて「～もまた（…ない）」。 → 上の例文

enough
Are you warm **enough** ？ （十分にあたたかい）
　〈形容詞 + enough（副詞）〉
We have **enough** food. （十分な食べ物）
　〈enough（形容詞）+ 名詞〉

 確認③ 次の(　)内から正しい語を選びなさい。

❶ All the classmates listened (careful, carefully).
❷ I can't play the piano. I can't play the guitar, (too, either).

④ 副詞の用法 (2)：副詞の位置★★★

Mike always gets up late.   He is often late for school.
（マイクはいつも遅く起きます。）　（彼はよく学校に遅刻します。）

「場所」や「時」を表す副詞は〈場所＋時〉の語順。

She came **here yesterday**.

頻度を表す副詞の位置は，一般動詞の前，be 動詞のあと。
She **sometimes** visits Tokyo. （彼女はときどき東京を訪れる。）
They are **always** kind to me. （その人たちはいつも私に親切だ。）

確認④ (　)内の語を適する場所に入れるとき，すぐ前の語を答えなさい。

❶ Jane and I go to school together. (always)
❷ I lived ten years ago. (here)

解答
③ ❶ carefully　❷ either
④ ❶ I　❷ lived

英語

5. 疑問詞・付加疑問

1 疑問詞が主語のとき ★★★

Who made this cake ?　—My mother did.
（だれがこのケーキを作りましたか。）（私の母が作りました。）

疑問詞が主語の疑問文

<u>**Who**</u> uses this computer ?　— Mike <u>does</u>.

　　　└→ 3人称単数現在形

whoが主語のときは，
doesなどは使わず
〈who＋動詞 ～？〉

疑問詞が主語でない疑問文

<u>**Who**</u> is that boy ? —He is Tom, my cousin.

　　↑────（主語）

**ここ
確認①**　次の( )内から正しい語を選びなさい。

❶ Who opened that window ?　—Jane (is, does, did).

❷ Who is our new teacher ?　—Mr. White (is, does).

2 〈How ＋形容詞〉の疑問文 ★★★

How many books do you have ?　—I have ten books.
（あなたは本を何冊持っていますか。）　　（10冊持っています。）

How old ～? （年齢）	**How old** is he ?　—He is five years old.
How long ～? （長さ・期間）	**How long** is this rope ?　—It is three meters (long).
How tall ～? （身長・高さ）	**How tall** is that player ? —He's two meters (tall).
How much ～? （値段・量）	**How much** is this ?　—It's 200 yen.
How many ～? （数）	**How many** bags do you have ? —I have three (bags).

**ここ
確認②**　次の( )に適する語を入れなさい。

❶ How ( ) is your brother ?　—He is fifteen years old.

❷ How ( ) classes do you have on Monday ?
　—I have five classes.

解答　① ❶ **did**　❷ **is**
　　　　② ❶ **old**　❷ **many**

UP! ●who did you see ? の who は「だれを〔に〕」の意味。

③ Why 〜? に対する答え方★★

Why do you study so hard ?
—Because I want to be a doctor.
（なぜそんなに熱心に勉強するのですか。）（医者になりたいからです。）

Why 〜?「なぜ〜ですか」は理由をたずねる疑問文。
〈Because＋主語＋動詞〜 .〉か〈To＋動詞の原形〜 .〉で答える。
Why do you study hard ?（なぜ熱心に勉強するのですか。）
Because I want to be a teacher. （先生になりたいからです。） なぜなら
To be a teacher. （先生になるためです。） 目的を表す < to +動詞の原形>

 次の(　)に適する語を入れなさい。

❶ (　　) didn't you come ?　—Because I was sick.
❷ Why were you at the station ?　—(　　) meet my friends.

④ 付加疑問★★

It was very cold yesterday, wasn't it ?
（昨日はとても寒かったですよね。）

付加疑問は「〜ですね」と相手に同意を求めたり，確認したりする形。

	〈肯定文，否定の短縮形＋主語?〉	〈否定文，肯定形＋主語?〉
be 動詞の文	Ken is busy, **isn't he** ?	You aren't sleepy, **are you** ?
一般動詞の文	Mary runs fast, **doesn't she** ?	Tom doesn't ski, **does he** ?
助動詞の文	Bob can skate, **can't he** ?	She can't come, **can she** ?

命令文の付加疑問は **will you ?**「〜してくれませんか」，Let's 〜 . の文の付加疑問は **shall we ?**「〜しましょうか」。

 付加疑問を入れて，相手に確認する文を完成させなさい。

❶ You are hungry, ＿＿＿＿＿＿ ?
❷ She doesn't like tomatoes, ＿＿＿＿＿ ?

 ③ ❶ **Why** ❷ **To**
④ ❶ **aren't you** ❷ **does she**

5 ｜疑問詞・付加疑問 ｜ 117

part4

英語

6. 助動詞

1 助動詞 can と must ★★

I can't play the piano well, so I must practice it.
（私はピアノを上手にひけない，だから練習しなければならない。）

can「〜できる」（能力），must「〜しなければならない」（義務）

	同意語句	過去	未来
can	be able to	could, was(were) able to	will be able to
must	have(has) to	had to	will have to

canの疑問文 **Can** he ski？ —Yes, he **can**. / No, he **can't**. can + not
canの否定文 I **cannot(can't)** sing this song.

can はほかに「〜することが可能だ」（可能），「〜することがある」（可能性），
must はほかに「〜に違いない」（強い推量）。

ここ確認① 次の文を（　）内の指示どおりに書きかえなさい。

❶ I can swim fast.（未来の文に）

_____

❷ She must help Tom.（過去の文に）

_____

2 must not と don't have to ★★

Must I get up early？　—No, you don't have to.
（早く起きなければなりませんか。）（いいえ，そうする必要はありません。）

mustの疑問文 **Must** I wash the car？（＝Do I **have to** wash the car？）
Yes, you **must**. / No, you **don't have to**.

mustの否定文 You must not 〜.「〜してはいけない」＝Don't 〜.「〜するな」
You must not open the door. ＝**Don't** open the door.（禁止）

ここ確認② 次の 2 文が同じ意味になるように（　）に適する語を入れなさい。

❶ { Must he start？
　 { （　　　）he have to start？

❷ { You must not play here.
　 { （　　　）play here.

解答 ❶ ❶ I will(I'll) be able to swim fast.
❷ She had to help Tom. ❷ ❶ Does ❷ Don't

得点 UP! ● 助動詞とともに使う動詞は必ず原形。

③ may, should の用法 ★★

May I use this computer ? —Yes, you may.
(このコンピューターを使ってもよろしいですか。)(ええ、いいですよ。)

may (〜してもよい)	You may take pictures here. (写真を撮ってもよい。)
	May I come in ? (入ってもよろしいですか。)
	—Yes, you may. / No, you may not.
may (〜かもしれない)	She may be busy now. (忙しいかもしれない。)
should (〜すべき,	You should help her. (彼女を助けるべきだ。)
〜したほうがよい)	You should not use it. (それを使うべきではない。)

 ここ 確認③ 次の( )に適する語を入れなさい。

❶ He ( ) be late. (彼は遅れているかもしれない。)
❷ You ( ) not go there. (そこへ行くべきではない。)

④ 助動詞の働きをする表現 ★★

Where would you like to go ?
(どこに行きたいですか。)

> これらの表現のあとは、動詞の原形がくる。

would like to 〜「〜したい(のですが)」 ← want to よりもていねいな表現
I'd like to see another one.   I'd は I would の短縮形
(別のを見たいのですが。)

used to 〜「よく〜したものだ，以前は〜だった」 ← used の発音は [juːst]
I **used to** come to this park.
(以前はよくこの公園に来たものでした。)

had better 〜「〜すべきだ」   否定形は had
We **had better** leave now. (私たちはもう出かけないといけない。)   better not 〜

 ここ 確認④ 次の( )内から正しい語を選びなさい。

❶ She (has, would, used) like to visit your country someday.
❷ I (must, would, used) to play with my father, but now I don't.

 解答 ③ ❶ **may** ❷ **should**
④ ❶ **would** ❷ **used**

part 1 社会
part 2 理科
part 3 数学
part 4 英語
part 5 国語

part4 英語

7. 申し出・提案・勧誘・依頼の文・文型

1 申し出・提案の文 ★★

Shall we meet at nine tomorrow ?　— Yes, let's.
（明日は9時に会いませんか。）　　　　　　（はい、そうしましょう。）

<u>**Shall I**</u> open the window ? 「〜し（てあげ）ましょうか」（申し出・提案）	**同意する** Yes, please.（お願いします。）/ OK. / Thanks, I will.（そうします。）/ Yes, let's. / Sure. / Good idea. / That sounds good.（よさそうだね。）
<u>**Why don't you**</u> ask her ? 「〜したらどうですか」（提案）	
<u>**Shall we**</u> go hiking ?（≒Let's 〜） 「（いっしょに）〜しませんか」（勧誘）	**断る** No, thank you.（いいえ、けっこうです。）/ Thanks, but ... / No, let's not.（いいえ、やめておきましょう。）
<u>**Why don't we**</u> have lunch today ? 「（いっしょに）〜しませんか」（勧誘）	

ここ確認① 次の（　）に適する語を入れなさい。

❶ （　　）（　　） bring something ?（何か持っていきましょうか？）
❷ （　　）（　　） we go cycling next Sunday ?（次の日曜日サイクリングに行きませんか。）

2 依頼の文 ★★

Could <u>you</u> take our photo ?　— Sure.
（写真を撮っていただけませんか。）　　　　（もちろん、いいですよ。）

<u>**Can you**</u> come with us ?「〜してもらえますか」（依頼）
<u>**Will you**</u> help me with those boxes ?「〜してくれますか」（依頼・指示）
<u>**Could（Would）you**</u> say that again(, please) ?
　　　　　　　　　　　　　　　　「〜していただけますか」（ていねいな依頼）
—Sure. / All right. / Certainly. / Sorry, I can't. / I'm afraid I can't.

ここ確認② 次の英文を（　）内の指示どおりにかえなさい。

❶ Call me later. →（　　）（　　） call me later ?（相手に依頼する文に）
❷ Send it to me. →（　　）（　　） send it to me, please ?
　　　　　　　　　　　　　　　　　　　　　（ていねいに依頼する文に）

解答　① ❶ **Shall, I** ❷ **Why, don't**
　　　　② ❶ **Will（Can）, you** ❷ **Could（Would）, you**

③ SV, SVC, SVO の文 ★★★

You look tired. (SVC)   **I have a cat.** (SVO)
(あなたは疲れているように見えます。) (私はネコを飼っています。)

SV	He runs very fast. S V 修飾語句	(動詞の例) run, walk, swim, go, stand など
SVC	She became a teacher. S V C(補語) S = C の関係	(動詞の例) be 動詞, become, feel, look, get, sound, keep など
SVO	I know that boy. S V O(目的語) 名詞(句・節)・代名詞	(動詞の例) like, have, play, buy, make, study, practice など

ココ確認③ 次の文の下線部が補語(C)か目的語(O)かを答えなさい。

❶ My brother is <u>a soccer player</u>.
❷ Jane has <u>many books</u>.

④ SVOO, SVOC の文 ★★

I gave her a pen. (SVOO)   **He calls me Kate.** (SVOC)
(私は彼女にペンをあげました。) (彼は私をケイトと呼びます。)

SVOO (目的語が2つ)	Mr. Brown teaches us English. S V O O 目的語は「(人)に」+「(物)を」の順	(動詞の例) tell, give, make, show, teach, buy, send など
SVOC	We named the dog Pochi. S V O C O = C の関係 <name+A+B>で「A を B と名づける」	(動詞の例) call, name, make, keep など

ココ確認④ 次の( )内の語句を正しく並べかえなさい。

❶ (me, showed, he, a picture). _____.
❷ (sad, the news, us, made). _____.

 解答 ③ ❶ 補語 ❷ 目的語
　　　 ④ ❶ He showed me a picture ❷ The news made us sad

8. There is 〜. の文・感嘆文

① There is〔are〕〜. の文 ★★

There is a bag under the desk.
（机の下にかばんがあります。）

〈There is〔are〕＋名詞〜.〉で「〜に…があります〔います〕」の意味。

肯定文 **There are** *some* pictures on the wall.
（かべに何枚か絵がかかっている。）

否定文 **There aren't** *any* pictures on the wall.

疑問文 **Are there** *any* pictures on the wall ?
—Yes, there **are**. / No, there **aren't**.

 過去の文はbe動詞を過去形にするよ。

ここ確認① 次の（　）内から正しい語を選びなさい。

❶ (Was, Were) there a lot of people in the museum ?
❷ There (isn't, aren't) any bookstores in my town.

② How many 〜 are there ... ? の文 ★★

How many balls are there in the box ?
—There are ten.
（箱の中にボールがいくつ入っていますか。）（10個です。）

There are three rooms in this house.

「いくつの」 複数形に注意 疑問文の語順

How many rooms **are there** in this house ? （この家にはいくつ部屋がありますか。）
〈How many＋複数名詞〉

—**There are** three (rooms). （3部屋あります。）

 How manyのあとの名詞は必ず複数形だよ。

ここ確認② 次の下線部をたずねる文を作りなさい。

❶ There are <u>four</u> cups on the table.
❷ There were <u>five</u> people on the bus.

 解答 ① ❶ **Were** ❷ **aren't** ② ❶ **How many cups are there on the table ?** ❷ **How many people were there on the bus ?**

③ What を使った感嘆文 ★★

> what や How で始まる文でも、文末は〈?〉ではなく〈!〉。

What a beautiful temple !
（なんて美しいお寺なんでしょう！）

〈What＋a(an)＋形容詞＋名詞＋!〉で「なんて～な…だろう！」と，感動や驚きを表す。名詞が複数のときは，a(an) をつけない。

What *an* exciting dance ! ← a と an の使い分け
「なんてわくわくするダンスなんだ！」

What busy days ! ← 複数名詞
「なんて忙しい日々なんだ！」

What a delicious apple (this is) !
「(これは)なんておいしいリンゴなの！」 ← 〈主語＋動詞〉が省略されている。

ここ確認③ 次の(　)に適する語を入れなさい。

❶ (　　) (　　) (　　) day !（なんて幸せな1日なのでしょう！）
❷ (　　) (　　) students !（なんて親切な学生たちなのでしょう！）

④ How を使った感嘆文 ★★

How beautiful !
（なんて美しいのでしょう！）

〈How＋形容詞(副詞)＋!〉で「なんて～だろう！」と，感動や驚きを表す。

形容詞 **How** heavy ! ← うしろに名詞をつけない
「なんて重いんだ！」

How nice (your bike is) !
「(君の自転車は)なんてすてきなんだ！」

副詞 **How** fast !
「なんて速いのでしょう！」

How well (you can sing) !
「なんて上手なんだ！
(君はなんて上手に歌えるんだ！)」 ← 〈主語＋動詞〉の省略

ここ確認④ 感動や驚きを伝える文となるよう，(　)に適する語を入れなさい。

❶ This dog is very cute. → (　　) (　　) this dog is !
❷ He cooks very well. → (　　) (　　) he cooks !

解答 ③ ❶ What, a, happy ❷ What, kind
④ ❶ How, cute ❷ How, well

英語 9. 不定詞

① 不定詞の用法 (1)：名詞的用法 ★★★

I want to be a nurse.
（私は看護師になりたいです。）

〈to＋動詞の原形〉を**不定詞**という。動詞の**目的語**となり、**名詞**の働きをする。

I want **to climb** Mt. Fuji.
　　　　目的語「登ること」

主語や**補語**になる。

To study every day is important.　　　Her dream is **to make** a film.
主語「勉強すること」　　　　　　　　　　　補語「作ること」

ここ確認①　次の下線部の意味を答えなさい。

❶ He likes to play baseball.
❷ To speak English is difficult.
❸ The important thing is to practice every day.

② 不定詞の用法 (2)：形容詞的用法 ★★★

There are so many things to learn.
（学ぶべきことがとてもたくさんあります。）

名詞をうしろから修飾する。

I have many things to tell you.（伝えるべきこと（伝えたいこと））
　　　　名詞 ↑←──────┘「伝えるべき」

〈 -thing＋ 形容詞 ＋ 不定詞〉の順

He wants something cold to drink.
代名詞 ↑──↑←──┘
　　└───「何か冷たい飲み物」

drinkの目的語が
something (cold)

ここ確認②　次の(　)内の語を正しく並べかえなさい。

❶ She has a lot of (do, to, homework).
　She has a lot of ＿＿＿＿＿＿＿＿＿＿＿＿＿＿＿＿＿.
❷ Shall I make (eat, to, something, hot) for you ?
　Shall I make ＿＿＿＿＿＿＿＿＿＿＿＿＿＿＿ for you ?

解答 ① ❶ 野球をすること　❷ 英語を話すこと　❸ 毎日練習すること
② ❶ homework to do　❷ something hot to eat

③ 不定詞の用法 (3)：副詞的用法 (目的) ★★★

We went to the library **to study**.
（私たちは勉強するために図書館に行きました。）

動詞を修飾して，その**目的**を表す。

I came home **to eat** lunch.
「食べるために」

She went to Paris **to study** art.
「勉強するために」

Why ～? の疑問文に，To ～. で答えることもできる。
Why did you get up early ? ―**To help** my mother.（手伝うために）

確認③ 次の中で目的を表す不定詞を含む文をすべて選びなさい。

ア I want to go home.　　　　イ He went there to play tennis.
ウ I have many books to read.　エ I came home to study.

④ 不定詞の用法 (4)：副詞的用法 (感情の原因) ★★★

I'm glad **to see** you.
（あなたに会えてうれしいです。）

感情，気持ちを表す**形容詞**をうしろから修飾し，その**感情の原因**を表す。

I'm happy **to meet** you.
「あなたに会えてうれしい」

感情の原因を表す表現

| be happy to ～ （～してうれしい） | be sad to ～ （～して悲しい） |
| be glad to ～ （～してうれしい） | be sorry to ～ （～して残念だ） |

確認④ 次の( )に適する語を入れなさい。

❶ I'm ( ) ( ) ( ) that.（それを聞いて残念だ。）
❷ He is glad ( ) ( ) ( ).（彼は彼女に会えてうれしい。）

解答　③ イ，エ
　　　④ ❶ sorry, to, hear　❷ to, meet(see), her

英語

10. 動名詞

1 動名詞の用法 (1) ★★★

I like **watching** TV dramas.
（私はテレビのドラマを見るのが好きです。）

動詞の〜ing形で「〜すること」の意味を表し，これを**動名詞**という。

動名詞が目的語　We enjoyed **having** lunch.
「昼食をとること」

> 動詞の性質＝目的語をとる。
> 名詞の性質＝文中で目的語や主語，補語の働きをする。

動名詞が主語　**Playing** badminton *is* a lot of fun.
「バドミントンをすること」　**3人称単数**

動名詞が補語　My favorite activity is **reading** books.
「読書をすること」

> 〈be動詞＋〜ing〉は，進行形「〜しているところだ」と同じ。意味の区別に注意。

ここ確認①　次の中で動名詞を含む文をすべて選びなさい。

ア　Did you enjoy eating outside ?　イ　They were playing table tennis.
ウ　What were you doing ?　エ　Swimming isn't easy for me.

2 動名詞の用法 (2)：前置詞の目的語 ★★★

She is good at **painting** pictures.
（彼女は絵を描くのが上手です。）

動名詞の働きとして，前置詞の目的語にもなる。
He is not good at **singing** and **dancing**. （〜することが得意ではない）
This website is useful for **learning** English. （〜するために役立つ）
I'm looking forward to **seeing** you. （〜することを楽しみに待っている）

> 不定詞の to ではなく，前置詞の to。

ここ確認②　次の（　）に適する語を入れなさい。

❶ Are you good (　　) (　　) ?
（あなたは料理をするのは得意ですか。）
❷ She looks forward (　　) (　　) with you.
（彼女があなたと話すのを楽しみにしています。）

解答　❶ ア，エ
❷ ❶ at, cooking　❷ to, talking(speaking)

得点 UP! ● 前置詞のあとは, 不定詞ではなく動名詞を続ける。

part 1 社会
part 2 理科
part 3 数学
part 4 英語
part 5 国語

3 動名詞と不定詞 (1): 〈動詞+動名詞〔不定詞〕〉★★★

My father likes listening(to listen) to pop music.
(父はポピュラー音楽を聞くのが好きです。)

目的語に動名詞も不定詞もとることができる動詞には, like, start, begin などがある。

I started **studying**(**to study**) English at five years old.
「勉強し始めた」

It began **raining**(**to rain**) again.
「降り始めた」

> be動詞の補語も, 動名詞と不定詞の両方を用いることができる場合が多い。
> His job *is* teaching(to teach) English. (教えることだ)

 次の( )内の動詞を正しい形にかえなさい。

❶ She likes (spend) her free time with her friends.
❷ The baby suddenly started (cry).

4 動名詞と不定詞 (2): 〈動詞+動名詞〉★★★

We finished cleaning our classroom.
(私たちは教室を掃除するのを終えました。)

動名詞のみを目的語とする動詞には, enjoy, finish, practice, stop などがある。

Did you enjoy **visiting** the museum?「訪れるのを楽しむ」

I have to practice **hitting** the ball.
「ボールを打つ練習をする」

Stop **playing** games on your smartphone.
「ゲームをするのをやめる」

> 〈stop +不定詞〉の形は「~するために立ち止まる」の意味(不定詞の副詞的用法)。stop to play games なら「ゲームをするために立ち止まる」の意味。

 次の( )内の動詞を正しい形にかえなさい。

❶ The boys next to me didn't stop (talk) during the movie.
❷ We used to enjoy (play) on the beach.

 解答
③ ❶ spending(to spend) ❷ crying(to cry)
④ ❶ talking ❷ playing

11. 接続詞

1 when（時）, if（条件）★★★

When I came home, my sister was studying.
（私が帰宅したとき，妹は勉強をしていました。）

〈when＋主語＋動詞～〉で，「～（する）とき」と時を表す。
Please call me **when** you arrive at the station.
　　主節　　　　　　従属節（副詞節）「着いたとき」

〈if＋主語＋動詞～〉で，「（もし）～ならば」と条件を表す。
If it is rainy tomorrow, I will read books at home.
従属節「雨模様なら」　　　　　主節
Shall we go shopping **if** you have time?
　　主節　　　　　　　従属節「時間があれば」

> when ～や if ～の節では，未来の内容に関するときでも，will の未来表現は使わずに現在形で表す。

> when ～や if ～が文の先頭のときは，従属節のあとにコンマをつける。

 確認① 次の（　）に適する接続詞を入れなさい。

❶ She started playing soccer（　　　）she was six.
（彼女は6歳のときにサッカーを始めた。）

❷（　　　）you are busy, I will help you.（もし忙しいなら手伝いますよ。）

2 because（理由）★★★

We didn't go camping **because** the weather was bad.
（天気が悪かったので，私たちはキャンプに行きませんでした。）

〈because＋主語＋動詞～〉で，「～なので」と理由を表す。
Because I couldn't sleep well, I'm very tired today.
従属節（副詞節）「よく眠れなかったので」　　主節

> because ～は主節のあとに続けることが多い。文頭にも置かれる。

〈Why ～?〉「なぜ～」の疑問文に，**Because** ～. 単独で答えることができる。
Why is he angry? — **Because** Mary didn't come to the party.
「なぜ～」　　　　　　「（なぜなら）～だからです」

> 主節をつけない。

確認② 最初の文に，（　）内を理由として添えた文にしなさい。

❶ I'm hungry.（I didn't have lunch.）→I'm hungry（　　　）I didn't have lunch.
❷ He went home.（He had a fever.）→He went home（　　　）he had a fever.

解答 ① ❶ when ❷ If
② ❶ because ❷ because

得点 UP! ● when(if) ～は，未来の内容でも will ～を使わない。

3 that (1)：「～ということ」 ★★★

I think (that) having breakfast is important.
（朝食をとることは大事だと思います。）

〈that＋主語＋動詞～〉は「～ということ」の意味で，文中では名詞と同様に動詞の目的語として働く。この接続詞 that は省略されることが多い。

主節 　　　　　従属節(名詞節)
I think (that) the movie is very interesting.
S　∨　　O 「その映画はとてもおもしろい (ということ)」

I didn't know (that) this word came from China.

We believe (that) she will pass the exam.

> that ～が未来の内容を表すときは，will ～など未来表現にする。

確認③ 省略されている that の，すぐ前の語を答えなさい。

❶ Do you think the team will win the next game ?
❷ She believes love can save the world.

4 that (2)：〈主語+be 動詞+形容詞+that ...〉の文 ★★

I'm sure (that) you will like it.
（あなたはきっと気に入ると思いますよ。）

感情や心理を表す形容詞のあとに，〈that＋主語＋動詞～〉を続ける形。このときの接続詞 that も省略されることが多い。

〈be sure (that) ～〉「～(ということ)を確信している」
I'm sure (that) he will join our club. ← I'm sure (that) ～ 「きっと～だ」

〈be glad (that) ～〉「～(ということ)をうれしく思う」
I'm glad (that) she got well. ← I'm glad (that) ～ 「～してうれしい」

確認④ 次の（　）に適する語を入れなさい。

❶ Are you (　　) (　　) you lost your key ?
　（あなたがかぎをなくしたのは確かですか。）
❷ I (　　) (　　) that she came. （彼女が来てくれてうれしかったです。）

解答　③ ❶ think ❷ believes
　　　④ ❶ sure, that ❷ was, glad〔happy〕

part 1 社会
part 2 理科
part 3 数学
part 4 英語
part 5 国語

| 11 | 接続詞 | 129

12. 比　較

1　as ～ as ... の文 ★★

I can run as fast as Mike.
（私はマイクと同じくらい速く走れます。）

〈as＋～(形容詞（副詞）の原級)＋as ...(比較の相手)〉「…と同じくらい～」
Mary is as **tall** as Nancy.（メアリーはナンシーと同じくらいの身長です。）
Ted sings as **well** as Bill.（テッドはビルと同じくらい上手に歌う。）

〈not as＋～(原級)＋as ...〉「…ほど～ではない」
My dog is **not** as **big** as yours.（私のイヌはきみのほど大きくない。）

確認①　次の(　)に適する語を入れなさい。

❶ I came here as (　　　) as Ann.（私はアンと同じくらい早くここに来た。）
❷ I'm (　　　) as (　　　) as Yuka.（私はユカほど疲れてはいない。）

2　比較級，最上級の作り方 ★★

Tom is older than Jane.　He is the oldest of the three.
（トムはジェーンより年上です。彼は 3 人の中で最も年上です。）

語　尾	変　化	例
ふつうの語	-er, -est をつける	high— **higher** — **highest**
e で終わる語	-r, -st をつける	large — **larger** — **largest**
〈子音字＋ y〉	y を i にかえて -er, -est	easy — **easier** — **easiest**
〈短母音＋子音字〉	子音字を重ねて -er, -est	big — **bigger** — **biggest**

おもにつづりの長い語	beautiful — **more** beautiful — **most** beautiful
不規則に変化	good(well) — **better** — **best**, many(much) — **more** — **most**

確認②　次の(　)内の語を比較級にかえなさい。

❶ Soccer is (popular) than baseball in this country.
❷ Nancy plays the piano (well) than Lisa.

 ❶ ❶ **early**　❷ **not, tired**
❷ ❶ **more popular**　❷ **better**

得点 **UP!** ● 副詞の最上級には the をつけないこともある。

③ 比較級の文 ★★★

Ken is taller than his father.
（ケンは彼の父親より背が高いです。）

〈~(形容詞(副詞)の比較級)+than …〉「…よりも~」
Jane is **younger** than Betty.　　I get up **earlier** than my brother.
　形容詞 young の比較級「…より若い」　副詞 early の比較級「…より早く」
Tokyo is **more famous** than my city.
　形容詞 famous の比較級「…より有名な」

〈Which(Who)+動詞+~(比較級), A or B ?〉「AとB のどちらがより~か」
Who is **older**, Ken or Bob ?　（ケンとボブのどちらが年上ですか。）

ここ
確認③　次のようなとき，英語でどのように言えばよいですか。

１月と２月ではどちらが寒いかたずねたいとき。

---

④ 最上級の文 ★★★

The building is the highest in this town.
（その建物はこの町で最も高いです。）

〈(the+)~(形容詞(副詞)の最上級)+of(in) …〉「…の中で最も~」
Ken is **the tallest** in his family.　Mari runs **the fastest** of the four.
　形容詞 tall の最上級　範囲を表す語句　　副詞 fast の最上級　複数を表す語句
（家族の中で最も背が高い）　　　（４人の中で最も速く走る）

〈Which(Who)+動詞+(the+)~(最上級)+of(in) … ?〉
「…の中でどれ(だれ)が最も~か」
Who gets up **(the) earliest** in your family ?　（家族の中でだれが最も早起きか。）

ここ
確認④　次の（　）内から正しい語(句)を選びなさい。

❶ Mike runs the (faster, **fastest**) (**of**, in) his class.
❷ Which is the (difficult, **most difficult**) question of all ?

 解答
　③ **Which is colder, January or February ?**
　④ ❶ **fastest, in**　❷ **most difficult**

13. 受動態(受け身)・過去分詞・現在完了

1 受動態〔受け身〕の文 ★★★

English and French are spoken in Canada.
（カナダでは英語とフランス語が話されています。）

受動態〔受け身〕は〈be 動詞＋過去分詞〉の形で，「～され(てい)る」の意味。

主語＝動作
を受ける側　　The streets **were cleaned** by volunteers.　〈by ～〉＝動作
　　　　　　「～は」　「～された」　「～によって」　　　　をする側

疑問文 **Is** this bag **made** in Japan ? — Yes it is. / No, it isn't.

否定文 The room **isn't used** now. 「～されていない」

助動詞つきの文 The parade **can be seen** here.
〈助動詞＋be(原形)＋過去分詞〉
「見られる」

〈by ～〉は，行為者
が不明，一般的な
人々，示す必要がな
いときは省略。

 次の文を，下線部を主語にした文で表しなさい。

❶ Everyone loves the movie. → The movie (　) (　) (　) everyone.
❷ My brother made this table. → This table (　) (　) (　) my brother.

2 過去分詞 ★★★

This calendar is sold at the bookstore.
（このカレンダーは書店で売られています。）

	A-A-A型		A-B-A型		A-B-B型		A-B-C型		
現在形	read	put	run	come	make	send	write	see	speak
過去形	read[red]	put	ran	came	made	sent	wrote	saw	spoke
過去分詞	read[red]	put	run	come	made	sent	written	seen	spoken

規則動詞の過去分詞は，**過去形と同じ形**。（**cleaned**, **lived**, **used**など）
be 動詞の過去分詞は**been**(A-B-C型)，have(has)の過去分詞は**had**(A-B-B型)。

 次の(　)内の動詞を正しい形にかえなさい。

❶ The letter was (send) yesterday morning.
❷ This book was (write) by a famous comedian.

解答
❶ ❶ is, loved, by　❷ was, made, by
❷ ❶ sent　❷ written

得点 **UP!** ● ever は疑問文で「今までに」, never は否定文で「一度も〜ない」。

③ 現在完了 (1)：継続 ★★★

She **has been** in Tokyo for a week.
（彼女は1週間（ずっと）東京にいます。）

現在完了形は**過去のある時点**から**現在**まで, ある状態が**継続**していることを表す。形は〈have(has)＋過去分詞〉。

肯定文 I **have lived** in Osaka for a year. （1年間大阪に住んでいる。）

疑問文 **Have** you **lived** in Osaka for a long time ?　for 〜「〜の間」
　　　—Yes, I **have**. / No, I **haven't**. ◀ =have not　since 〜「〜以来」
　　　How long **have you lived** in Osaka ?　—For a year.
　　　（どれくらい長く大阪に住んでいますか。）　　（1年間です。）

否定文 He **hasn't lived** in Osaka since last summer. （住んでいない）

確認③ 次の( )内から正しい語を選びなさい。

❶ Ken (have, has) known Alice (for, since) ten years.
❷ (Do, Have) you been busy (for, since) yesterday ?

④ 現在完了 (2)：経験 ★★★

I **have visited** Yokohama many times.
（私は何度も横浜を訪れたことがあります。）

「(今までに)〜したことがある」という**経験**も**現在完了形**で表す。

Have you **ever been to** London ?　　　once「1回」 twice「2回」
（今までにロンドンへ行ったことはありますか。）　three times「3回」
—No, I **have never been** there.　　　many times「何回も」
（いいえ, 一度も行ったことはありません。）

確認④ 次の( )に適する語を入れなさい。

❶ I've ( ) ( ) Paris once. （パリへ一度行ったことがある。）
❷ I have ( ) ( ) a panda. （パンダを見たことが一度もない。）

解答 ③ ❶ has, for　❷ Have, since
　　　④ ❶ been, to　❷ never, seen

part 1 社会
part 2 理科
part 3 数学
part 4 英語
part 5 国語

③ 主な助詞の意味と用法 ★★

種類	格助詞	接続助詞	副助詞	終助詞
例	が の に	て（で） ば けれど	も さえ	か な
主な働き	主語 連体修飾語 場所・時間	逆接 連用修飾語 順接	逆立・強調 限定・添加	疑問・反語 禁止
例	雨が降り始める。 昼食の献立を考える。 駅前に集合する。（場所）	何事もやればできる。 眠くて、目を開けていられない。 走ったけれど間に合わなかった。	国語も数学も好きだ。（並立） 謝りさえすれば許される。（限定）	何時ですか。（疑問） 何も言うな。

● 助詞は、自立語に意味を添えたり、文節同士の関係を表したりする。

● 助詞の識別
文節に分けて、自立語を除き、残った付属語で活用のないもの。

ここ確認

② 次の——線部の中で、ほかと意味・用法の異なるものを選びなさい。

ア 面会時間の過ぎた後に来た。
イ 病院行きのバスに乗る。
ウ 毎月のお小遣いは千円だ。
エ 迎えに来てくれるはずの父。

（和歌山—改）

ここ重要

付属語には、自立語に意味を添える働きがある。

B 次の文に、助詞はいくつありますか。

久助君は、四年から五年になるとき、学力優秀品行方正のほうびをもらってきた。

解答

ここ確認
① で・う・た
② ア

テストでは
A ウ
B 六

助詞のそれぞれの意味を区別しよう！

これ暗記

付属語で、活用があるのが助動詞、活用のないのが助詞。

part 5

国語

5. 助動詞・助詞

part 1 社会
part 2 理科
part 3 数学
part 4 英語
part 5 国語

① 主な助動詞の意味と用法 ★★

種類	意味	例
れる られる	受け身・可能 自発・尊敬	ホームランを打たれる。（受け身） 将来が案じられる。（自発）
ない ぬ（ん）	否定（打ち消し）	どうしてもうまく行かない。 知らぬが仏だ。
う よう	意志・勧誘 推量	今日は早く寝よう。（意志） 明日は晴れるだろう。（推量）

② その他の助動詞の意味

種類と意味
せる・させる▼使役　たい▼希望　だ▼断定　ます▼丁寧　そうだ▼伝聞など　らしい▼推定　ようだ▼比喩な ど　まい▼否定の意志など　た▼過去など

ここ確認

❶ 次の文の中から、助動詞をすべて抜き出しなさい。

「これは伝説のお宝であろう」と、僕はだれにともなく言った。

得点UP!

助動詞・助詞は用法の違いを問われることが多い。助動詞・助詞は他の品詞の活用語尾と見分けることが大切。

- 助動詞は、自立語や一部の付属語について、意味を添える。
- 付属語は、単独で文節をつくることができない。
- 助動詞の識別　文節を文節に分けて、自立語を除き、残った付属語で活用のあるもの。

テストでは

Ａ「最後に名前を呼ばれる」の──線部と同じ意味・用法のものを、次から選びなさい。

ア 思い出される出来事は楽しかったことばかりだ。

イ 以前買った服でまだ着られるものが数多くある。

ウ 後輩から慕われる先輩となるように努める。

エ 来週の朝礼では校長先生が話される予定だ。

（群馬─改）

種類	例
順接	すると だから ゆえに
逆接	けれど しかし だが
並列・累加	および また さらに
対比・選択	一方 それとも あるいは
転換	さて ところで では
説明・補足	つまり なぜなら 例えば

③ 接続詞 ★★★

● 接続詞の種類で、並列とは対等に並べること。累加とは、つけ加えること。

種類	例
感動	あら おお うわっ
応答	いいえ いえ はい
呼びかけ	おい もしもし やあ
挨拶	こんにちは おはよう さようなら
かけ声	えい それ よいしょ

④ 感動詞 ★

● 感動詞は、単独で、文の最初にくることが多い。

ここ確認

❷ 次の ── 線部の中から、接続詞を選びなさい。
ア 雨が降っている のに外へ出た。イ しかも、傘を持たずに。

ここ重要

連体詞は活用がなく主語にはなれない。

解答

ここ確認

テストでは

❶ イ(連体詞)

❷ ウ

A 状態・降り出した

B この・連体詞

前・名詞

デパート・名詞

友達・名詞

ばったり・副詞

これ暗記

「が」をつけて主語にすることができない場合と、「ない」を「だ」にかえて意味が通じない場合は、連体詞。

4. 活用しない自立語

part 1 社会
part 2 理科
part 3 数学
part 4 英語
part 5 国語

① 名詞 ★★

種類	定義	例
普通名詞	一般的な物事の名前を表す。	学校
代名詞	人・物・場所・方向などを指し示す。	きみ・それ
固有名詞	人名・地名・書名など特定の物事を表す。	大阪
数詞	数量・順序を表す。	三番
形式名詞	本来の意味が薄れたもの。	こと

② 副詞・連体詞 ★★★

	定義	例
副詞	状態…動作・作用の状態を表す。	ゆっくり
	程度…物事の性質・程度を表す。	かなり・ごく
	呼応…受ける文節が決まっている。	決して〜(ない)
連体詞	体言を修飾する。	小さな・この

得点UP!
活用しない自立語は、語形が変化しない分、性質・特徴を問われやすいので、注意しておこう。

● 副詞は主に用言を修飾する。
● 連体詞は体言＋「の」の形や用言の連体形とまちがえやすい。

例 ここの本(代名詞＋の)
　静かな人(形容動詞)

ここ確認

❶次の ——線部の中で、品詞の異なるものを選びなさい。
ア どこが イ その場所は ウ だれも知らないが、エ たぶん ここがそうだろう。

テストでは

A ——線部の副詞の種類と、係る文節を答えなさい。
突然、激しい雨が降り出した。

B 次の文の中から、活用しない自立語を五つ抜き出し、品詞名も答えなさい。
この前、デパートへ出かけたが、友達とばったり出くわした。

月
日

主な続き方	形容動詞	形容詞	
	静かだ	楽しい	基本形
	静か	楽し	語幹
う	だろ	かろ	未然
なる・ない・た	で・に・だっ	かっ・く・う	連用
言い切る	だ	い	終止
とき	な	い	連体
ば	なら	けれ	仮定
	○	○	命令

ここ確認

● 形容詞も形容動詞も命令形はない。

● 自立語は、その語自体に意味があり、一語で一文節をつくることができる。

● 動詞・形容詞・形容動詞をまとめて用言と呼ぶ。

ここ確認

❷ 次の──線部の形容動詞の中から、活用形の異なるものを選びなさい。

ア 外は静かだった。
イ 彼は立派になった。
ウ きれいな部屋。
エ おだやかに吹く風。

ここ重要

動詞を活用させるときは、下に「ない・ます・○・とき・ば・命令」。

解答

ここ確認

❶ ①か・未然形
　②く・連用形
❷ ウ

A ①五段活用
　②上一段活用
　③連体形
　④連用形

B ア

テストでは →

これ暗記

動詞の活用の種類を区別するときは「ない」をつけ、活用語尾で判断。

活用は、まず主な続き方をきちんと覚え、どんな言葉でも活用できるようにしよう！

part 5
国 語
part 1 社会
part 2 理科
part 3 数学
part 4 英語
part 5 国語

3. 活用する自立語

① 動詞 ★★★

主な続き方	サ変	カ変	下一段	上一段	五段	
	する	来る	食べる	生きる	行く	基本形
	○	○	た	い	い	語幹
ない (よ)う	さ・し・せ	こ	べ	き	か こ	未然
ます た・て	し	き	べ	き	っ き	連用
言い切る	する	くる	べる	きる	く	終止
こと とき	する	くる	べる	きる	く	連体
ば	すれ	くれ	べれ	きれ	け	仮定
命令して言い切る	しろ せよ	こい	べろ べよ	きろ きよ	け	命令

● 活用で変化する部分を活用語尾、変化しない部分を語幹という。

● 音便はサ行を除く五段活用の連用形が「た」「て」につくときに起こる。

例 咲いて(イ音便)
読んで(撥音便)
打って(促音便)

ここ確認

● 次の——線部の動詞の活用語尾と活用形を答えなさい。

① 彼のうわさは聞かない。
② 君が行く所ではない。

テストでは

A 次の——線部の①と②は活用の種類、③と④は活用形を答えなさい。

試合で勝つ①ために、早く起きて②
練習する彼を見た。
③　④

B 次の——線部の動詞と活用形が同じ動詞をあとから一つ選びなさい。

母に手紙を書きました。

ア 着ます　イ 咲く
ウ 走ろう　エ 投げろ

月 日

② 同音異義語 ★★★

カイホウ

公園を開放する。
けが人を介抱する。
病気が快方に向かう。
人質を解放する。

タイショウ

研究の対象を決める。
左右対称の図形。
対照的な性格の兄弟。

③ 同訓異字 ★★★

さ(す)

ピンで壁に刺す。
日が差す。
矢印の指す方向。
花瓶（かびん）に花を挿す。

はか(る)

会議に諮（はか）る。
便宜（べんぎ）を図る。
時間を計る。
体重を量る。
距離（きょり）を測る。

● 音が同じで、形
も似ているもの
には、特に注意
が必要である。

例
復―複
　険―検
押（お）す―推（お）す
吹（ふ）く―噴（ふ）く

ここ確認

② 次の――線部のかたかなを、漢字で書きなさい。

① カンキがゆるんで暖かくなる。
② 雨の降らないカンキとなる。
③ 勝利の知らせにカンキする。
④ カンキ扇を回す。

ここ重要

同音異義語は、例文の中での使われ方を覚えることが大切。

解答

ここ確認

① イ
② ① 寒気　② 乾季（乾期）
③ 歓喜　④ 換気

テストでは

Ａ ウ
Ｂ イ

これ暗記

熟語の組み立ては、一字ずつの漢字の意味を確認（かくにん）したり、文の形にしたりすると見分けやすい。

同音異義語や同訓異字は
文脈によって使い分ける！

得点
UP!

同音異義語の問題に強くなるために、一字一字の漢字の意味をしっかり身につけておこう。

① 熟語の組み立て ★★

組み立ての分類	例
よく似た意味の漢字を重ねたもの。	道路・草木
反対の意味の漢字を重ねたもの。	男女・善悪
主語・述語の関係になっているもの。	地震・人造
上の漢字が動詞、下の漢字が目的になっているもの。	読書・登山
上の漢字が下の漢字を修飾しているもの。	美人・急行
上に打ち消しの漢字をつけたもの。	不発・無名
同じ漢字を重ねたもの。	別別・代代
接頭（尾）語をつけたもの。	御飯・進化
三字以上の熟語を縮めたもの。	国連（国際連合）

● 熟語の読み方は、原則的にいえば音＋音・訓＋訓が多い。その他に次の読み方がある。

重箱読み
〈音＋訓の形〉
役場・新型
やくば しんがた

湯桶読み
〈訓＋音の形〉
手配・身分
てはい みぶん

ここ確認

❶ 次の熟語の中から、組み立て方の異なる熟語を一つ選びなさい。

ア 段階　イ 未来　ウ 法則　エ 年齢
ねんれい

テストでは

A 「前進」と同じ組み立ての熟語を次から一つ選びなさい。

ア 創造　イ 明暗
ウ 白馬　エ 無人

B 次の──線部に適する漢字をあとから一つ選びなさい。

民衆からのシジを得ている政治家。

ア 指示　イ 支持
ウ 私事　エ 師事

月　日

ここ確認

種類	言葉	意味
ことわざ	帯に短したすきに長し	中途半端で役に立たない。
	知らぬが仏	知らずにいれば、幸せということ。
	虻蜂取らず	欲張ると、結局何も手に入らない。
	弘法にも筆の誤り	優れた達人にも失敗はある。
	ぬかに釘	少しも手応えのないこと。
	情けは人のためならず	人に親切にすればよい報いがある。
	能ある鷹は爪を隠す	有能な者はむやみに力を見せない。
慣用句	高をくくる	たいしたことがないと軽く見る。
	鼻が高い	得意そうにする様子。
	顔から火が出る	恥ずかしさで顔が赤くなる。
	根も葉もない	よりどころがまったくない。
	耳が痛い	聞きたくないことを指摘される。
	木で鼻をくくる	相談されて、無愛想に対応する。
	お茶を濁す	その場をごまかす。

● ことわざや慣用句には、同じ意味をもつものも多い。

例 豆腐にかすがい／ぬかに釘／のれんに腕押し

例 木で鼻をくくる／取りつく島もない

● 慣用句には、体の一部を使ったものが多い。

ここ確認
② 次の（ ）に適当な語を入れ、ことわざを完成させなさい。
① 井の中の（ ）　② （ ）の耳に念仏　③ 立つ（ ）あとを濁さず

ここ重要
ことわざ・慣用句は、文を作って理解を深めよう。

解答

ここ確認
❶ ウ（供給↔需要）（消費↔生産）
② ① 蛙　② 馬　③ 鳥

テストでは
Ａ 《類義語》方法／仕方
《対義語》目的
Ｂ イ（□に「顔」が入る。）
（アは「口」が入る。）
（ウは「腰」が入る。）
（エは「舌」が入る。）

これ暗記
ことわざは、同義・対義のものまで調べておく。

ことわざや慣用句の意味は正しく覚えよう！

1. いろいろな言葉

① 類義語・対義語 ★★★

種類	類義語	対義語
説明	意味が、よく似ている言葉のこと。ほかに、類語という呼び方をすることもある。	意味が、反対であったり、相対する言葉のこと。ほかに、反対語という呼び方をすることもある。
例	風習＝慣習 誤解＝曲解 寄与＝貢献 節約＝倹約 委細＝詳細 経験＝体験 欠点＝短所 帰路＝復路 公平＝公正 欠乏＝不足	特殊↔一般 原因↔結果 急性↔慢性 積極↔消極 鋭敏↔鈍感 主観↔客観 平凡↔非凡 具体↔抽象 創造↔模倣 単純↔複雑

得点UP!

● 類義語は言葉の意味こそ似ているが、使い方が異なる場合があるので注意が必要。
例 改善＝改良
○改善／×改良
使用人の待遇を改善する。

得点UP!
辞書を引くときは、言葉の意味だけでなく類義語や対義語についても確認しておこう。

テストでは

A 「手段」の類義語と対義語を答えなさい。

B 次の、 の言葉の □ に体の一部を表す漢字を一字入れて慣用句を完成させるとき、同じ漢字となるものを次から一つ選びなさい。

「□がきく」

ア □に合う
イ □が立つ
ウ □を抜かす
エ □を巻く

ここ確認

❶ 次の中から対義語の組み合わせが適当ではないものを選びなさい。

ア 拡大―縮小　イ 必然―偶然
ウ 供給―消費　エ 理論―実践

装丁デザイン　ブックデザイン研究所
本文デザイン　京田クリエーション
　　図　版　デザインスタジオエキス．／ユニックス／京都地図研究所
　イラスト　京田クリエーション

写真所蔵・提供
気象庁　国立国会図書館　ほか　　　　　　　　　　〈敬称略・五十音順〉

本書に関する最新情報は, 小社ホームページにある**本書の「サポート情報」**を
ご覧ください。(開設していない場合もございます。)
なお, この本の内容についての責任は小社にあり, 内容に関するご質問は直接
小社におよせください。

中2 まとめ上手 5科

編著者　中学教育研究会	発行所　受 験 研 究 社
発行者　岡　本　明　剛	©株式会社 増進堂・受験研究社

〒550-0013　大阪市西区新町2—19—15

注文・不良品などについて：(06)6532-1581(代表)／本の内容について：(06)6532-1586(編集)